格斗图解系列

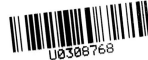

U0308768

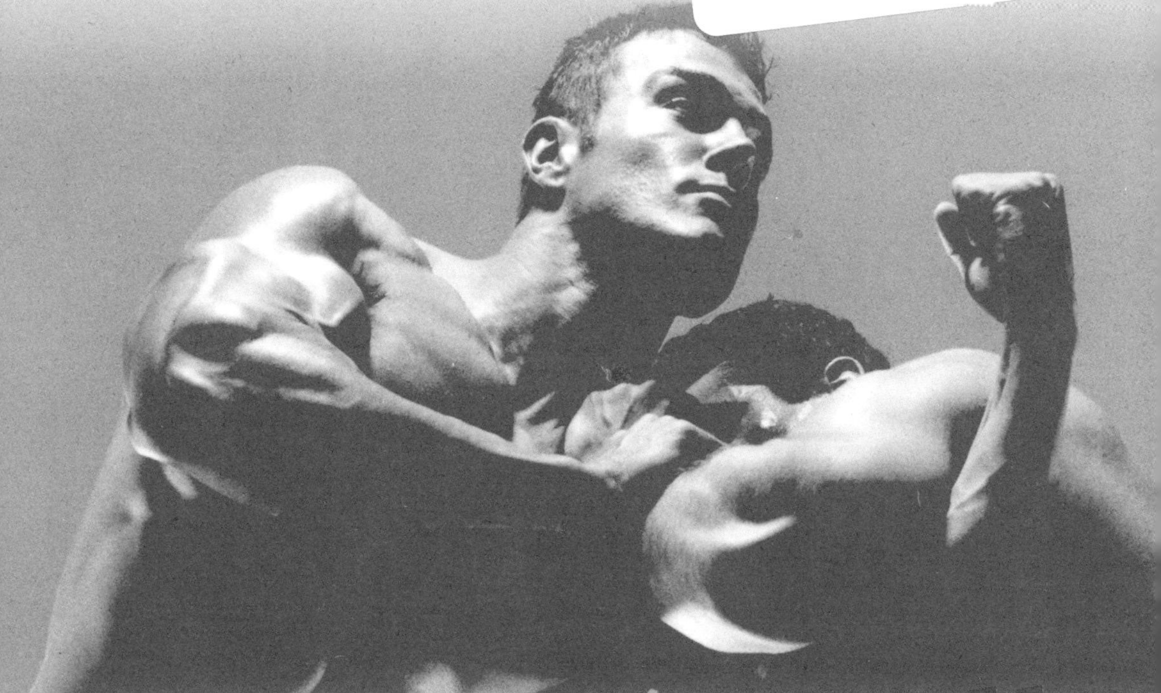

以色列格斗术——徒手格斗

《格斗图解系列》编写组 编

化学工业出版社
·北京·

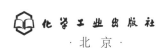

特种部队一直都是军队中的绝对精锐，以色列格斗术又称马伽术，是以色列特种部队的格斗训练体系，是美国FBI的必修课，也是格斗界公认的集实用、全面、易学、易练于一身的优秀综合防卫技术。

《格斗图解系列》图书中的《以色列格斗术——徒手格斗》《以色列格斗术——器械格斗》《以色列格斗术——擒拿与解脱》，通过3000余张真人实拍动作分解演示，详尽讲解了以色列格斗术中的徒手格斗技法，使用军警器械和日常用品的格斗技法，进攻、投摔、防守反击等解脱与擒拿技法，使学习者能够迅速掌握360度制敌与防御的要诀。

《以色列格斗术——徒手格斗》《以色列格斗术——器械格斗》《以色列格斗术——擒拿与解脱》从不同实战应用场景出发，内容编排以培养学习者综合齐备的素质、形成勇往直前的拼杀气概、遵循实用至上的训练原则为准绳，为格斗术爱好者以及自卫、防身、防暴的人群呈现了以色列格斗的精髓。

图书在版编目（CIP）数据

以色列格斗术．徒手格斗/《格斗图解系列》编写组编．北京：化学工业出版社，2018.6（2023.8重印）

ISBN 978-7-122-32058-2

Ⅰ.①以…　Ⅱ.①格…　Ⅲ.①格斗-基本知识-以色列　Ⅳ.①G85

中国版本图书馆CIP数据核字（2018）第082285号

责任编辑：宋　薇　　　装帧设计：张　辉

责任校对：边　涛

出版发行：化学工业出版社（北京市东城区青年湖南街13号　邮政编码100011）

印　　装：天津图文方嘉印刷有限公司

710mm×1000mm　1/16　印张$9\frac{1}{2}$　字数159千字　2023年8月北京第1版第5次印刷

购书咨询：010-64518888（传真：010-64519686）　售后服务：010-64518899

网　　址：http://www.cip.com.cn

凡购买本书，如有缺损质量问题，本社销售中心负责调换。

定　　价：59.80元

版权所有　违者必究

Contents 目录

第一部分 基础知识

一、以色列特种部队简介

以色列军队的军语里原本没有“特种部队”这个词，所有执行特种作战和侦察任务的部队都统称为“萨耶雷特”（Sayeret）。在希伯来文中，Sayeret有侦察队或巡逻队的意思。在以色列军队里，这个词泛指一切从事侦察、巡逻、搜索等任务的部队，而且已经具有“经过选拔的精锐部队”的引申含义了。一般行内人士就笼统称之为“侦察队”或“特种部队”，因为他们通常担负其他部队难以完成的与战略、战役胜败攸关的任务，主要用于打击敌指挥机关、通信控制中心、兵器弹药库、经济和工业中心、能源和后方基地等目标。

随着国际形势的变化，特种部队更多地被用于反恐怖、打击走私、缉毒、维护国内治安等非战争行动。在世界各国普遍减少军队总员额的情况下，转而又不断地加强特种部队的建设。尽管各国特种部队在规模、使用上有所不同，但是从各国特种部队的编制、人员、装备和训练等方面的情况分析来看，各国特种部队以及以色列特种部队普遍具有编制灵活、人员精干、装备优良、训练严格等一些共性的特点。

（一）发展与任务

以色列于1952年因战事需求开始着手组建了自己的特种作战部队，兵力都是从陆军中精心挑选出来的、具有特殊技能的50名训练尖子，然后将这支新成立的部队命名为以色列第101部队。之后，以色列陆续又建立了多支特种部队。

以这支部队为原形，到了1954年，以色列考虑战争和应付国内突发事件、制止内乱的需要，决定将第101部队与伞兵旅合并，改为第202伞兵旅。该旅主要由旅部和4个营以及其他支援部队编成。

1967年，在第三次中东战争中，第202伞兵旅又改称第55伞兵旅。

1960年以后，以色列使用特种部队作战颇为频繁，由应急作战转换为执行反恐怖任务。

1976年7月，以色列特种作战部队突袭非洲乌干达恩德培国际机场行动可以说是规模最大、影响最深远的一次，这次战斗在以军作战史上占有重要位置，同时也可以称得上是世界反恐怖作战史上的一个创举，它向世人展示了以色列特种部队高超的反恐怖作战艺术和能力。

2003年12月，随着伊拉克局势日益复杂，美军只能求助以色列方面，帮助其应对越来越多的自杀性爆炸，并在伊拉克街巷战中向以色列苦学作战技巧。一些美国海军陆战队士兵甚至跟随以色列士兵一起在约旦河西岸城市进行扫荡和围剿。

时至今日，随着现代特种作战的不断演进，以色列特种作战部队作为一个特殊的兵种，是一般任务部队的加强和补充，它在应付突发事件、敌后侦察、实施心理战、特工破坏、反恐怖等方面发挥着重大的作用。

（二）组成与训练

1. 以色列陆军特种部队组成

步兵队属侦察兵，以色列军队步兵的特种分队是4个旅属远程侦察连。即戈兰旅侦察连（Sayeret Golany，正式番号为第95侦察连）、吉瓦提旅侦察连（Sayeret Givaty，第435侦察连）、纳哈尔旅侦察连（Sayeret Nahal，第374侦察连）和伞兵旅侦察连（Sayeret T' zanhanim，正式番号不详）。这四个连并不是单纯的步兵侦察分队，而是更接近于美陆军别动队或轻步兵的精锐突击队。这四个连都接受过反恐怖作战训练，可以用于执行特种作战任务。其中戈兰旅侦察连和伞兵旅侦察连就多次执行过特种作战任务。

装甲兵队属侦察兵，以色列军队装甲兵尽管是陆军中最大的兵种，但仅有两个旅属侦察连，即第7旅侦察连（Sayeret Shirion 7）和第500旅侦察连（Sayeret Shirion 500）。这两个连是纯粹的远程侦察分队，不接受反恐怖作战训练，也不担负特种作战任务。

炮兵特种部队，以色列炮兵有两支兵种直属特种反坦克导弹部队，即荚蒾部队（Unit Moran）和琴弦部队（Unit Meitar）。这两支部队被以军视为特种部队，其训练中也包括空降、越野驾驶等一部分特种部队训练的内容，但与通常所指的特种部队还是有相当区别的。

战斗工兵特种部队，以色列军队的战斗工兵设有工兵特种作战司令部，下辖两支接受过远程侦察训练的工兵特种部队，即精于工兵爆破的雅埃尔侦察队（Sayeret Yael），现翻译为“山羊”侦察队和负责爆炸物排除的“雅赫萨普”部队（Unit Yachsap，Yachsap为希伯来语“爆炸物排除部队”的缩写）。

情报部队，情报部队是以色列军队的一个兵种，隶属总参情报部，这个兵种共有3支特种侦察部队，即总参侦察营（Sayeret Matkal，番号为262部队），目标情报部队（简称YACHMAM）和特种侦察队（简称T' ZASAM）。其中总参侦察营是以军最主要的特种部队，其使命包括特种侦察、非常规作战和反恐怖人质营救作战三大任务。目标情报部队驻戈兰高地，平时担负以色列北部边境地区的边境观察任务，战时配属给以军炮兵作为兵种远程侦察部队，负责在敌后为炮兵部队搜索目标。特种侦察队是以军边境目视观察部队中一支受过特种作战训练的分队，专门用于对敌后目标进行抵近目视侦察。1999年，这3支部队隶属于新设立的野战侦察司令部。

以色列陆军另外还有几支用于执行特殊任务的特种部队，分别是胡桃侦察营（Sayeret Egoz，以军在南黎巴嫩的反游击战部队，隶属戈兰旅），樱桃侦察队（Sayeret Duvedevan，番号为217部队，部署于中部军区的反恐怖突击队），朱鹭侦察队（Sayeret Maglan，番号为212部队，是一支接受过特种作战训练的独立反坦克导弹部队），棘刺部队（Unit Oket' z，番号为7142部队，是一支特种军犬部队），高山部队（Unit Alpinistim，部署于北部军区的预备役高寒山地部队），金雀花部队（Unit Rotem，部署于以色列南部以埃边境的一支预备役特种边境巡逻部队），100部队（负责防止在押恐怖分子等危险犯人暴乱的宪兵特种部队）。除胡桃侦察营以外，其他几支均为独立部队，由以军总部直接指挥。

2. 以色列特种部队训练

以色列特种部队以其严格的训练而闻名于世。其高难的训练被称为“地狱磨炼”。特种部队训练分为基础训练、专业训练和战前模拟训练三大类。

基础训练的目的是全面培养每一个士兵作为特种部队中的一员所需要的基本能力。包括徒手自卫术、野战生存能力、登山、武装泅渡、长途奔跑、轻武器射击等。训练时以3人为1组，训练项目从各种单兵技术到参加各级规模的战术学习，可以说无所不包、无所不有。例如：熟练掌握各种武器装备的使用技术，精通空手道、柔道、拳击等徒手格斗技术，学会爆破技术和沙漠地区生存技能。与此同时，针对中东地区多山地、沙漠的特点，以色列特种部队非常重视山地战、沙漠战、巷战、夜战等特种战术的训练。训练强度很高，如在1000米的障碍场，设置了岩壁、洞穴、雷区、沼泽、防空地带、尸体区等近百种障碍和险情，都完全真实展现在眼前，几近摧残的极限。其强度和难度，是任何没有亲眼目睹的人所无法想到的，即使是英国的“哥曼德”特种部队和美国的“绿色贝雷帽”特种部队的同行们也大跌眼镜。在射击训练中，每一名参训者必须会使用各种枪支，进行实弹射击，从出枪到第一发子弹命中，绝对不允许超过1秒钟，如超过即使是命中也是零分，只有射击成绩一直保持优秀者，才有可能成为狙击手。从训练的内容、时间、标准等方面来说，都大大超过其他兵种。

专业训练是各种专门技术和技能的训练。如：要求驾驶兵处于精神高度紧张状态下练习在复杂条件下驾驶各种车辆；狙击手使用各种枪支进行实弹射击，从出枪第一发子弹命中目标，全部时间限制在1秒钟之内；空降突击队员全副武装从离地50米高处的直升（身）机上沿索而下，要在25秒内到达地面；突击队员的攻击训练必须达到这样的水平；当他们从各自的位置上向打开的机舱门外进行无依托射击时，命中率不得低于85%。此外还有其独特的技巧训练和思想训练等内容：技巧训练主要是训练队员在复杂艰难的环境中，在敌强我弱的环境下，快速敏捷的处理问题，机智灵巧的摆脱对方的追踪；思想训练主要是训练队员有较强的记忆力、敏锐的思维力和在喧闹嘈杂环境中保持头脑冷静的能力。例如：训练时，受训队员被集中在一个电影放映室里，一边听高音喇叭放出的立体声音乐，一边饮着咖啡观看影片。突然放映中断，这时队员必须把刚才在影片中所见到的情景重述出来，如举出桌上陈列着的10件东西或说出文件、卡片的颜色、形状等，并且还要在许多支乐曲中，分辨出刚才听到的立体声乐曲等。

战前模拟演练主要是培养特种部队官兵在各种复杂条件下临机处事的应变能力。其具体做法是：凡有重大作战行动前，都进行酷似实战的模拟演习。他们根据执行任务的地区、行动目标、任务要求等有关情况，在特定地点设置实体模型，参战人员在模拟实体中进行反反复复的演练，直到战术、技术动作十分纯熟为止，哪怕时间非常紧迫，也要进行模拟训练，有时甚至一边制订作战计划，一边演练。这种训练方法在实战中收到了良好的效果。例如：突击乌干达恩德培机场一战，在实施这次代号为“雷电行动”的突袭作战之前，以色列特种部队就在某地设置了恩德培机场的实体模型，让参战人员在实体模型中演练。

二、以色列特种部队格斗

以色列特种部队近身格斗最早起源于哈嘎纳游击队时期，被士兵们称作“卡帕扑（KAPAP）”，意思是“面对面的格斗”。当时的“卡帕扑”并不是单纯的技击术，而是由严格的身体训练、轻武器与爆破训练、无线电通信、野外生存、战争救援和外语指导等构成的复合体。肉搏战的课程主要围绕拳击、古典式摔跤，以及英国军刀与军棍的训练。经过20世纪最为惨烈的纳粹恐怖主义迫害活动与第二次世界大战及中东战争的无数次磨炼和考验，才逐渐演化形成了一套完整的格斗体系，并被世界各国军界公认为当今最实用军事格斗体系之一。目的是为那些既受严格时间限制，又需要训练成果的人们提供简单而又有效的最佳训练方式。

（一）格斗特点

1. 综合齐备的素质

以色列特种部队所接受的格斗训练是与其执行的任务特征相适应的。特种部队认为，特种兵如果要使用近身格斗技巧，那么就肯定是一场你死我活的搏斗。因此，以色列特种部队在训练其队员的格斗能力时，要求队员在进行近身格斗训练时必须有勇往直前的拼杀气概。以色列特种部队格斗术不仅要求队员有良好的身体素质和精湛的格斗技术，还要具有坚忍不拔的意志和良好的心理素礒；近身格斗术在与敌人的距离太近无法使用枪支、枪械失灵、子弹用尽、枪械遗失、悄无声息地行动或逃脱及挣脱未遂的情况下使用。另外在擒获战争犯罪嫌疑人时，在非战争的民事骚乱或维和地区内，特种部队也需要使用擒拿格斗技术。为了防止近身格斗时身上携带的枪械被敌人夺走，以色列特种部队队员需要在格斗训练中学会如何在近身格斗中保护枪械。

2. 你死我活的决斗

以色列特种部队认为，进行格斗训练的目的就是学会如何在最短的时间内，以最快的速度、最凶狠的力度、最实用的方法，打死、打伤或擒获敌人，使其失去反抗能力。军事格斗直接关系到你死我活，没有丝毫侥幸而言，必须出手迅速，一招制敌。以色列特种部队精选了一些在很短时间内就能学会，而且在许多实践中有效使用过的动作简单、实用易学的技法，这些技法简练直接、杀伤力大，并且在格斗时不会受到特种兵身上携带的战斗装备、防毒面具和防弹背心的束缚。特种部队的格斗训练鼓励特种兵采取不配合的方式进行实战对练。队员们学会如何将常用的防御动作（比如防御徒手、刀子或者棍棒对头部的袭击）应用到多种防御情况，学会徒手格斗和防御的技巧，以及如何使用匕首、棍棒及随手捡到的物品进行打斗的技法。此外特种兵还需要在格斗训练中学会如何防御或夺下对方手中的武器和枪械。

以色列特种部队经常将匕首的格斗技法，以及徒手格斗和躲避技法融合到日常的运动操中。这种方法两全其美，这样训练不但可以锻炼特种兵的体能，还可以帮助队员练习和熟悉各种格斗技能，提高队员在应用格斗技法时的速度。

以色列特种部队格斗训练包含一系列格斗技法。队员通过使用这些技法可以应对几乎所有的近身格斗局面。该格斗训练的第一步不是技法的传授，而是体能锻炼，这是为了保证队员具有压过对手的体力和灵活性来完成格斗。

格斗训练中包括制服哨兵的训练。该训练可以教会特种兵如何跟踪并制服敌人，扫清前进道路上的障碍。在实施反恐作战行动之前，特种兵往往需要应用这些技法，徒手或者使用匕首、勒杀绳以及木棍来执行制服哨兵的任务。

以色列格斗术的训练口号是“像打架一样训练”，以色列特种部队格斗术以实战为出发点，训练备战，以训促战，把战训一致的思想贯彻到训练的组织实施和具体过程中去。

3. 实用至上的训练

以色列特种部队格斗术是一整套综合体系，用以应付你可能遇到的几乎所有近身搏斗局面，不管对方是徒手攻击还是持有手枪，也不管是一个人还是团伙围攻。这套系统着重于格斗的两个方面：自卫和战场格斗。在格斗训练中，队员们将学到许多易学易用的技巧，去攻击敌手的要害部位。这种系统包括训练手臂和腿部进攻的不同角度、高度、速度和节奏；以及从被抓中挣脱，如头部被锁、颈部被勒和身体被紧紧搂抱；还包括一种运用广泛的地面打斗系统；及如何防御拿棍棒、刀子或枪械的敌人。以色列特种部队格斗术在精神上训练了队员们如何应付打斗和如何发挥格斗精神、意识和控制力来保护自己。

在距离较远时，以色列特种队员非常像一名散打或拳击运动员，而在贴身缠斗时，则采用了缠制法和地面格斗术。这种系统在现代还具备了许多防御各种武器攻击的方法，例如敌人持有手枪、来复枪、匕首和其他锋利武器，或钝的东西像手杖和棍棒等，以色列特种部队格斗术有许多很有效的、使之缴械的技巧，因此受到了世界各国特战部队的推崇。

通过锻炼，以色列特种队员能很果断地用一系列本能的反应和直觉去对抗攻击。这里没有繁琐复杂的动作，也没有不必要的花拳绣腿。高效速成的动作和技巧反映了这套系统的前提：用尽可能快的动作进行攻防。

以色列特种部队格斗术没有许多东方武术的传统动作。而是以扭打、手搏来代替。从用嘴咬、抠挖眼睛、掏裆到用头撞、用膝盖和肘关节攻击等一切以逃脱为目的的动作都是被允许的。像杂志、桌椅或硬币等日常用品都能成为很好的武器，运用于进攻和防守中。

以色列特种部队格斗术因为只强调简单、实用，所以它不是竞技比赛的正式项目。相反，队员们将学会如何攻击敌人的要害部位，一举将其制服。

队员们学习如何将以色列特种部队格斗术应用于各种情况之下，包括在陌生或不利的环境中，例如在黑暗中、躺着、行动受限和疲惫不堪之时。当队员们进行攻防训练时，他们与众不同的训练方式就是让队员们在生理、心理和情绪的极大压力之下，进行攻防。这种做法能使他们充分认识到街头打斗的困难性和危险性。

以色列特种队员被教导用任何姿势去格斗，而不是用事先摆好的姿势格斗。这都是因为攻击往往发生在队员猝不及防的情况下，所以以色列特种队员在各种情况下训练打斗的方法，包括蹲下、躺着、摔倒和在行动受限制的环境。然而，一旦打斗开始，以色列特种队员将采取一种基本姿势，以便保持良好的平衡和进行有效的防卫和攻击。基本姿势要求两脚的距离与肩同宽，双脚不可站立在前后一条线上。膝部稍屈，把重量落在小腿上，同时，身体微微弯曲，缩小可被攻击的范围，保护腹部。队员手与肩同高，置于面部前，使头部和身体上部受到保护，也可便利出拳。以色列特种部队格斗术的踢腿动作包括旋踢、前踢腿、蹬腿、单飞腿、边腿和后踢腿，可用于攻防中，同时它也有一系列的手法，包括直拳、勾拳、上击拳和砸拳，所有这些都能协调地融汇在一起，膝关节、肘关节同样也可作为武器参加战斗。

（二）格斗理念

1. 动作简捷实用

在战场打斗中，所有的特种兵都面临着两个问题。第一，如果他们处于巨大的压力之下，并且必须运用多种技术实施自卫行动时，通常都难以胜任。第二，如果他们需要连续实施某种由 5 ～ 6 个步骤组成的打斗技术时，经常会忘记这些技术的顺序。当危险来临时，紧张感可能使你全身瘫软无力。如果一个敌人用手枪顶住你的背部，你将很难及时从在格斗培训班学到的多种技术中找出恰当的方式来应付。正是因为如此，以色列特种部队格斗术才会如此强调简捷性。真正的生死搏杀到白热化阶段时，动作简练实用很关键，当击裆就足够解决敌人时，就没有必要冒险再以脚踢头，用耗时1秒的动作就可以达到同样效果时，就没必要花10秒去做一套复杂的动作。在生死搏杀中，每名战士都是以躯体、信念乃至生命为赌注的，其残酷性要求队员放弃一切华而不实的技术，简练直接地打击敌人。

2. 训练全面实战

除了力求简捷以外，练习特种格斗术的另外一个重要理念就是全面训练。队员们不但要练好左式，还要练好右式，前后两个方向也都要练习纯熟。培训时教会队员如何站立、如何移动、如何倒地和滚爬、如何击打和封阻、如何锁定敌人以及如何窒息敌人。教给队员的技术中，需要把这样的可能性也考虑到：即队员处于饥渴难耐、疲惫不堪的状态，偏偏身边又没有可供使用的器具，只能依靠他的身体做最后可用的武器。有一个例子可以说明这种训练理念的重要性，就是以色列特种部队格斗术中的夺枪技术，即众所周知的快速解脱术。不论敌人用枪指着你的头部、胸部还是背部或者身体侧面，你都应该自如地运用你的反枪械技术来应付。而且，不论敌人是哪只手持枪或是双手持枪都无关紧要。莫尼・艾热依克反复强调，培养本能反应的能力是极为重要的，因为大多数人在面临压力时都只能做一些简易明快的动作。

莫尼・艾热依克提醒士兵们不要误解以色列特种部队格斗术所强调的简捷。为了确保技术能够在压力下奏效，他们进行了多年的生物机械学的研究。此外，他们还进行了其他研究来测试反应时间，相关的身体素质，在压力下机体的表现，以及受伤后的心理反应等。所有这些研究使以色列特种部队格斗术成为一种极为高效速成的格斗术。

（三）格斗“5秒”理论

1. 5秒钟速战速决

以色列特种部队格斗术打斗风格是在5秒内结束战斗。如果格斗的时间超过5秒，那就说不好谁胜谁负了。一场打斗持续的时间越长，队员在打斗中受伤甚至丧命的概率就越大。通常情形表明，速战速决是上策。如果队员快速反应，出奇制胜，在敌人尚未来得及反应时就结束战斗，将其制服。那么队员既赢得了胜利，又把这场格斗的危险系数降到了最低。

另外一个主要理念就是隐蔽意图。在打斗前不要摆出任何格斗姿势。把手放到你的身体前面，但是要避免让对手觉得你准备动武了。要通过用双手做一些肢体动作的方式来掩饰你的防御动作。或者只是简单地搓手。当你把自己的手掌打开给对方看时，攻击者会觉得你是在示弱。而此种动作既可以防止对方拳头攻击。又可以突袭对手。

2. 5秒钟求得生存

还有一种“5秒钟”理论在以色列特种部队格斗术中也具有重要的地位。如果在格斗中你被对手摔倒在地，那么你想方设法在5秒钟内让双脚站起，恢复实战站势。即使你的扭斗技术十分出色，缠身扭斗的方式也会带来一些意想不到的麻烦，试想一下，如果到处是碎酒瓶或者好多人对你猛踩时，要想站起来或者跑开是多么困难的事。在这种情况下，你就很快明白，地面缠斗并非明智之举。如果你感觉到打斗即将转入地面缠斗，你就应该立即想方设法避免此种状况。在打斗过程中你应该尽量控制敌方并且从他的控制中解脱，然后及时逃脱。

以色列特种部队格斗术中最重要的理念其实就是“生存”。在打斗中你应该竭尽全力保住自己的生命安全。如果有必要应该不择手段，充分利用一切可利用的手段，迅速直接地猛击对方的要害部位。在更严酷的情况下，要尽力而为，不惜一切代价。只要破敌，没有人在乎你使用了什么手段。请记住，生死搏杀是没有规则的，而且从来都不会在可控的环境下发生。

（四）格斗原则

1. 在真实环境下进行训练

以色列特种部队格斗要求队员在训练时，要立足在最困难的情况下进行。事实上，你可能在整个训练过程中都会感到不舒服，因为这些训练都是在近似暴力冲突的危险中进行的。在黑暗中进行训练，在冰天雪地中进行训练。不要站在镜子前面想象对手来对你实施打击。要让一位训练伙伴来实实在在地攻击你：而且这样的训练要在你筋疲力尽，或者是在你已经被对方锁住身体要害的情况下进行，一旦你有机会，就要立即进行反击。通过实践，你很快就会知道，什么技术你已经掌握得足够好了，并且在压力下仍然可以发挥作用，什么技术华而不实，在实战中难以发挥作用。这样的训练也会让你明白，拳斗竞技与战场格斗的紧张完全就不是一码事。如果你没有准备充分的话，那么战场打斗的紧张感会使你浑身发软。

2. 穿着与实战相同的训练服装

训练时应穿着平时要穿的衣服，或者穿着厚重的衣服进行训练。因为厚重的衣服在打斗时会严重阻碍队员可动用的肢体武器。皮靴在徒手格斗技术里也是需要考虑的重要因素，如果队员只在穿着轻便运动鞋的条件下进行格斗训练，那么当他穿着皮靴首次踢击敌人时，可能会由于皮靴的额外重量使自己膝部脱臼。

3. 培养对突发事件的反应能力

在培训的后期，应该阐明不可预测性的重要意义。以色列特种部队格斗术在“近距离战斗”培训中做到了这一点，在事先没有告诉队员安排“敌人”要突袭他们的情况下，命令队员在各种各样的市区以及一些特殊的室外环境中，通过一系列“格斗反应能力”的训练。在一段地区布置若干障碍物，障碍物之间隐藏若干“攻击者”随时攻击经过的队员。当队员经过时，就要与不时跳出的“攻击者”进行格斗。此种训练将帮助队员适应在复杂环境遭遇到真实打斗时应付各种状况。

第二部分 徒手格斗技法篇

一、基础技法

（一）格斗姿态

1 站立位姿态

被动姿态：一般没有格斗经验者的习惯性站立姿势，合理防御时应尽量避免。

中立姿态：中立或平和的缓解对方紧张情绪的站立姿势，非敌对生死较量时较普遍运用。

格斗姿态：打斗架势，明显具有打斗、对抗和挑衅意图的姿态。本书专以左格斗式（左手左脚均在前的格斗姿态）为例，为大家分享技法。

2 倒地位姿态

背躺姿态：背倒地的一种防御姿势，收腿、提髋、背着地，含胸、屈臂、拳护胸，屈颈、收颌、眼看敌。

侧躺姿势：侧倒地的一种防御姿势，收腿、屈臂、撑髋，抬脚、提膝、拳护身，含胸、屈颈、看敌情。

3 缠抱位姿势

骑乘姿势：地面打斗的骑乘压制姿势。

被压制的防守姿势：双腿屈膝环扣锁夹敌腰，双手积极防守。

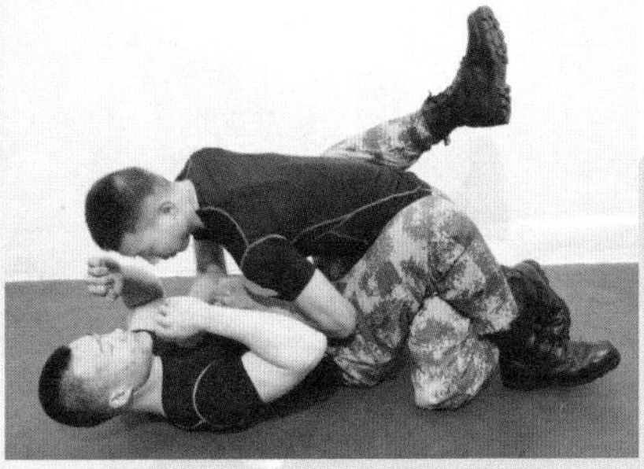

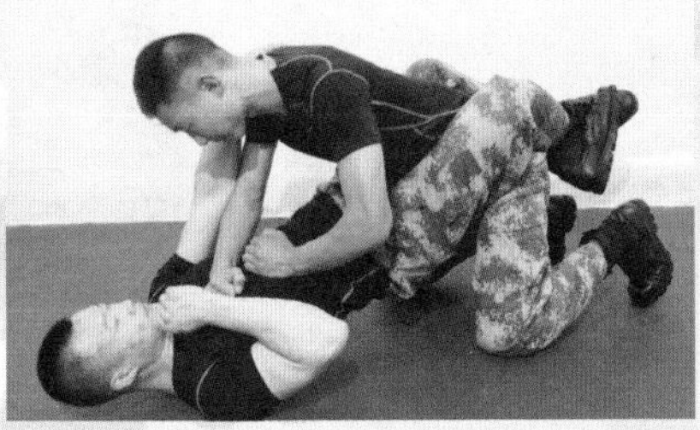

侧位控制与袈裟固姿势：侧向压制对手的几种基本姿势。

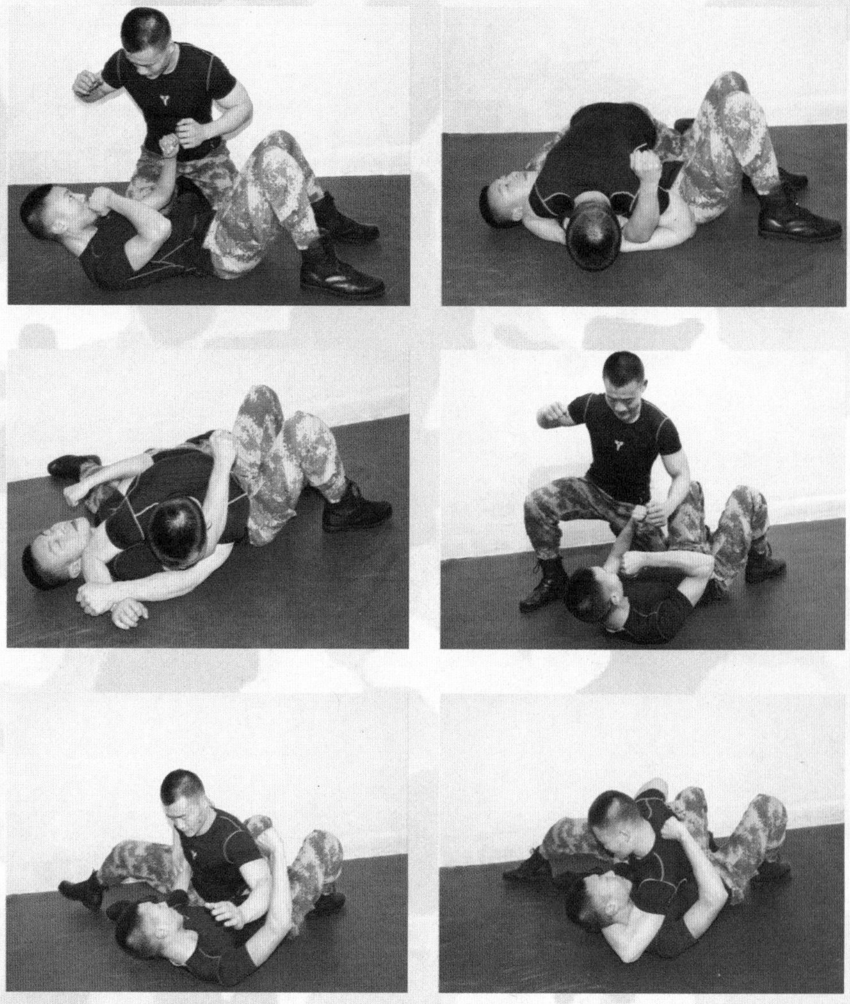

背后控制姿势：在敌人身后缠抱控制姿势。

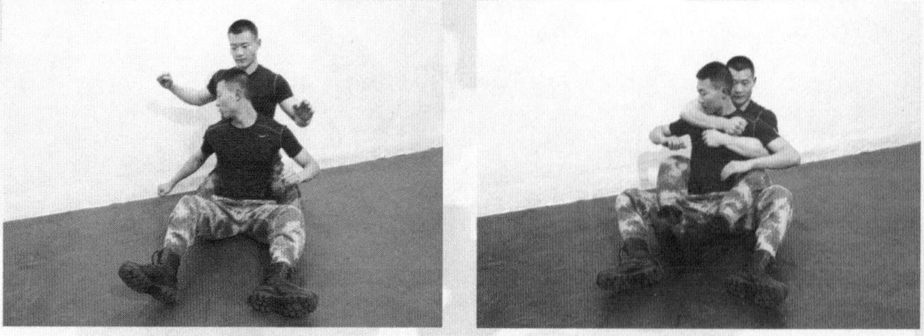

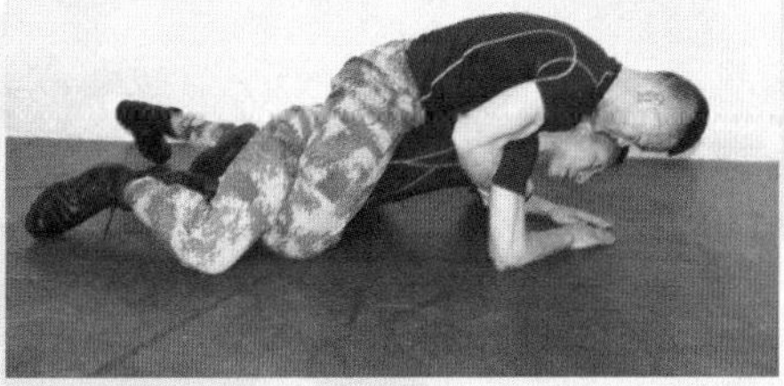

（二）距离与空间

1 格斗距离

近距离：缠抱或贴身的距离，多用于拿、摔、地面技法。

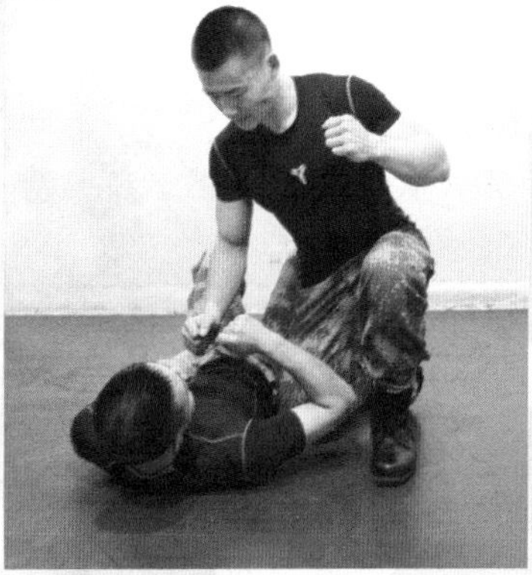

中距离：约一臂长的距离，常用拳、掌或肘的技法。

远距离：约一腿长的距离，适用于腿法进攻技法。

2 格斗层次

低位：髋部以下位置，也叫下盘。

中位：髋部与肩部之间位置，也叫中盘。

高位：肩部以上位置，也叫上盘。

（三）武器与目标

1 人体武器

拳峰与拳轮

掌根与掌刃

指尖、指节与虎口

小臂尺骨、桡骨与肘尖

脚背、脚尖、脚跟

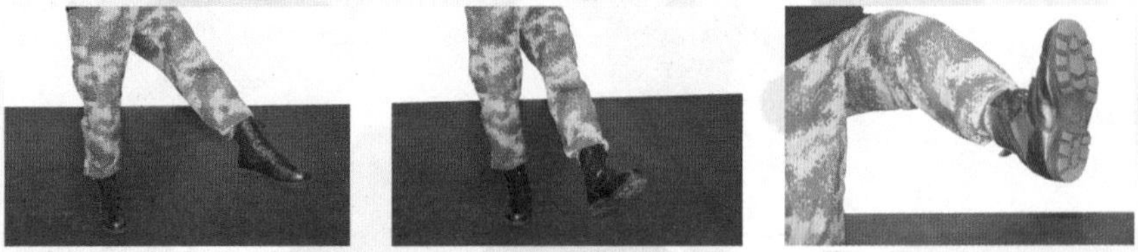

脚底、前脚掌、脚掌外侧

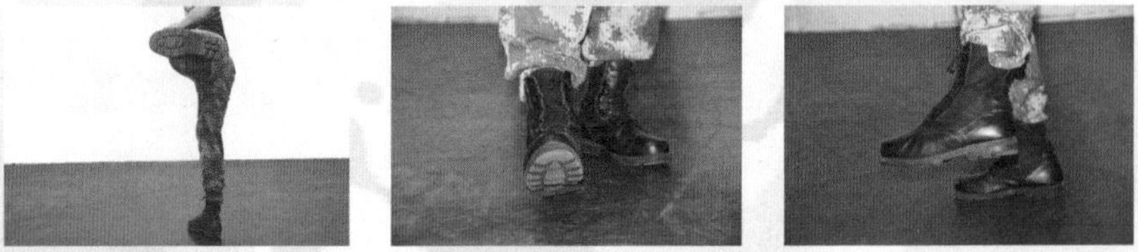

膝盖与小腿胫骨

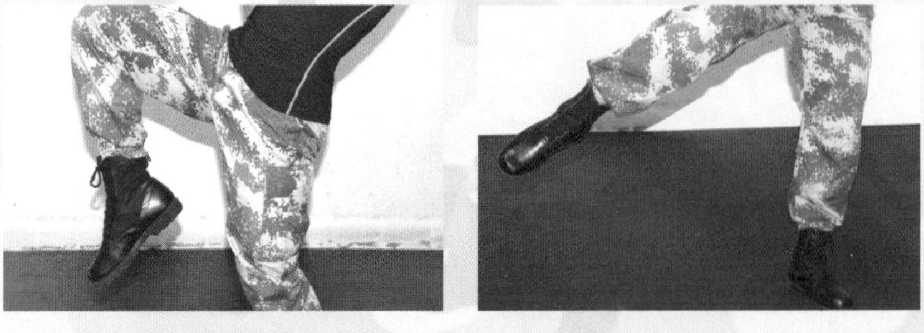

前额、后脑勺与牙齿

2 攻击目标

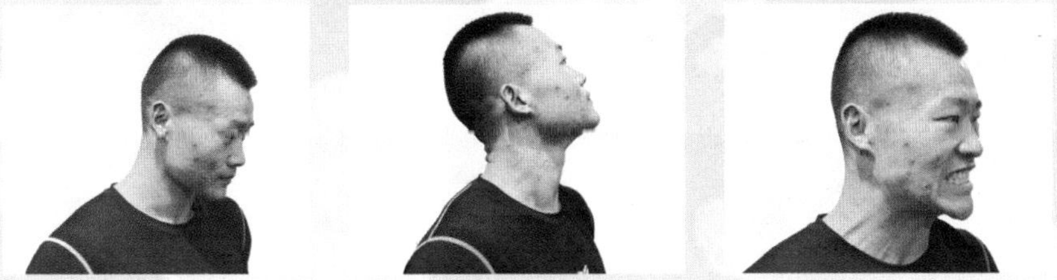

太阳穴

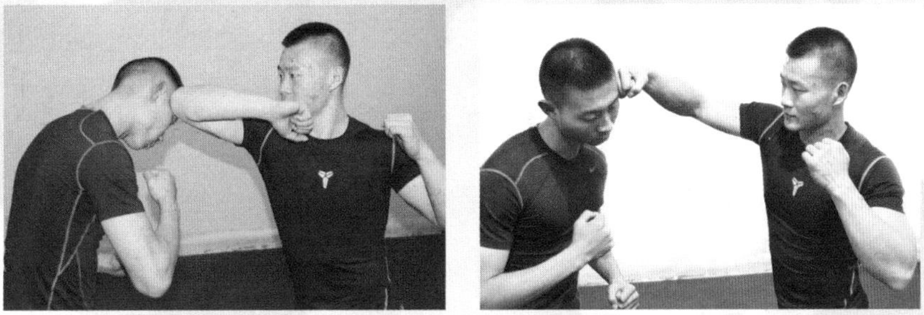

眼睛

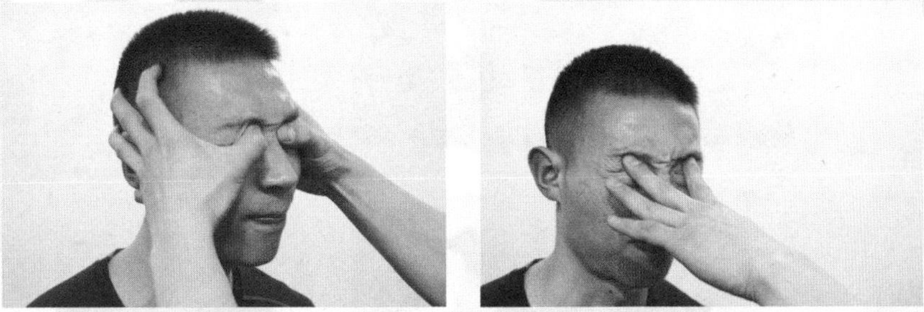

鼻子

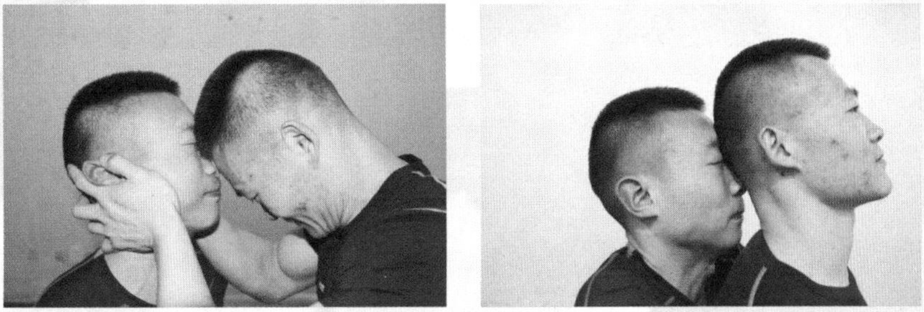

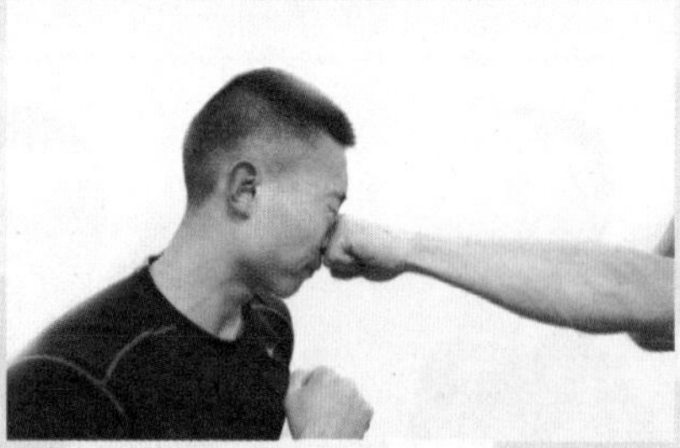

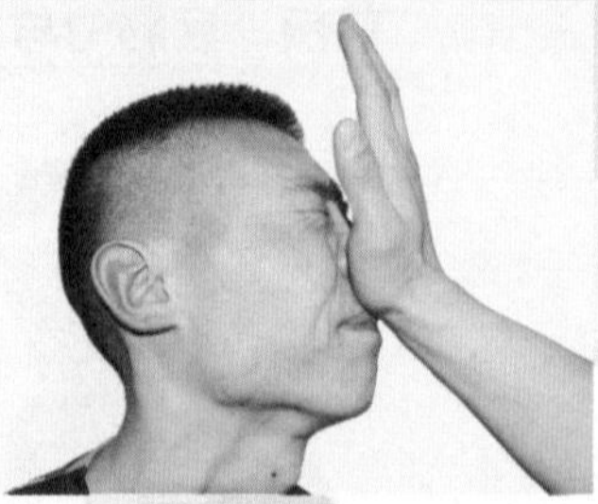

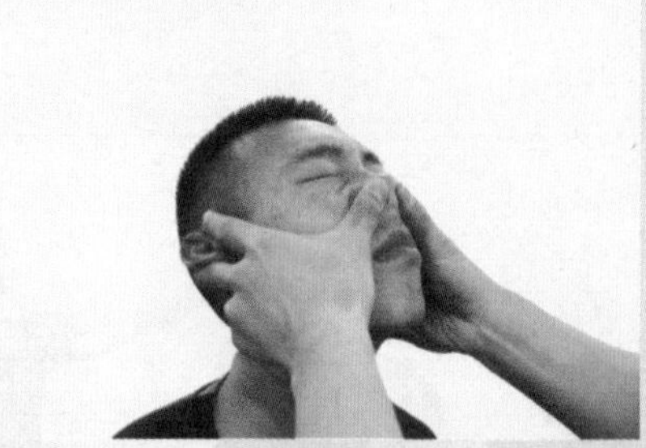

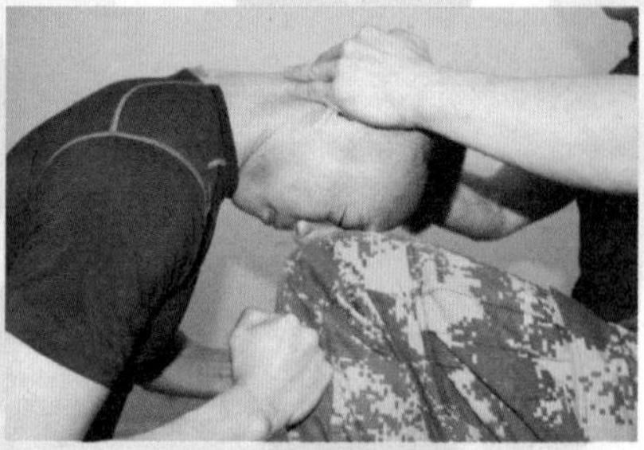

下颌

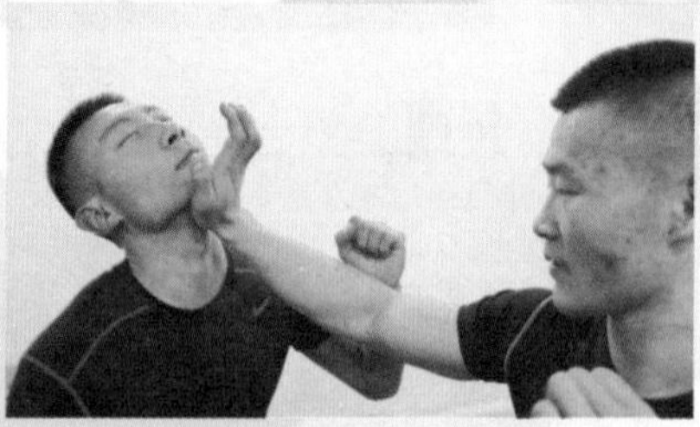

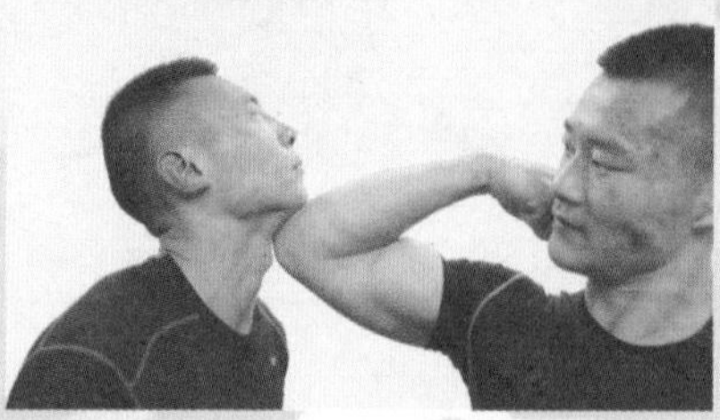

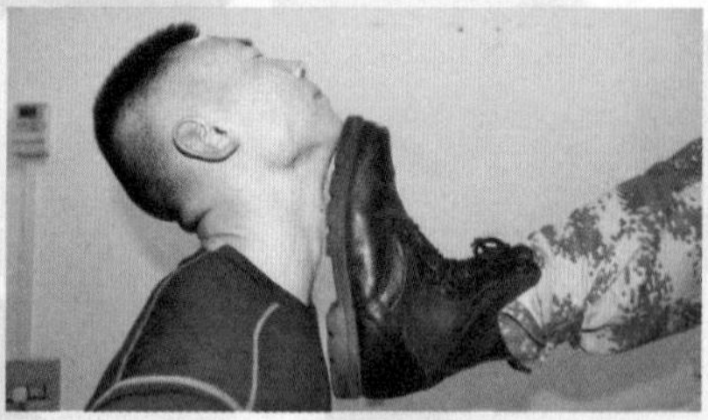

咽喉

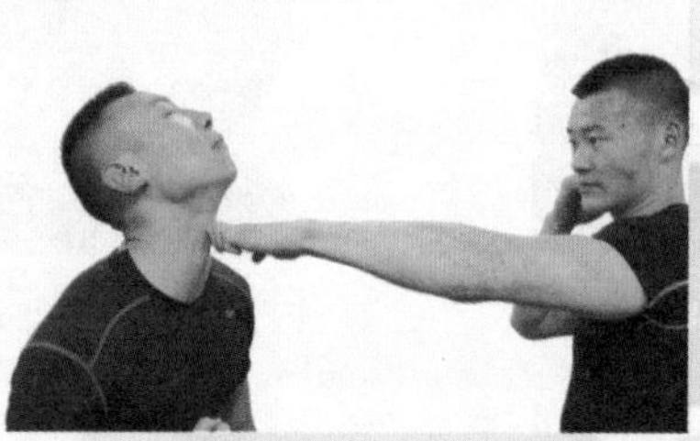

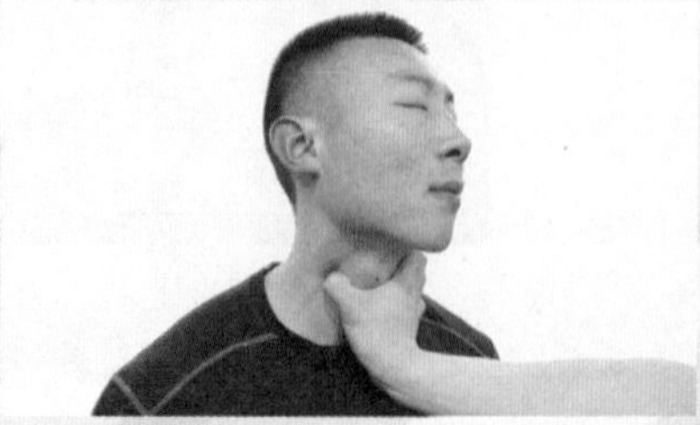

颈部与后脑

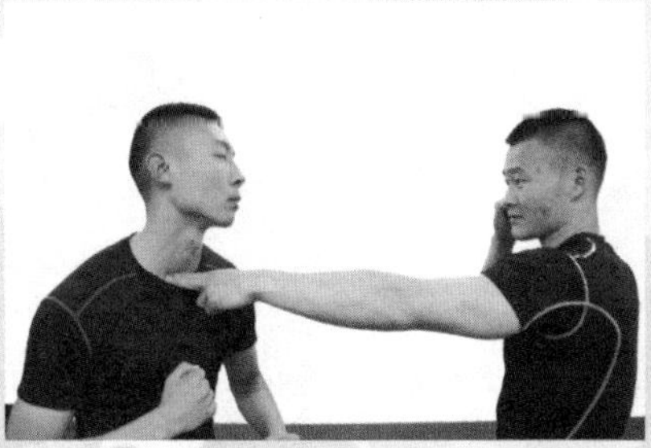

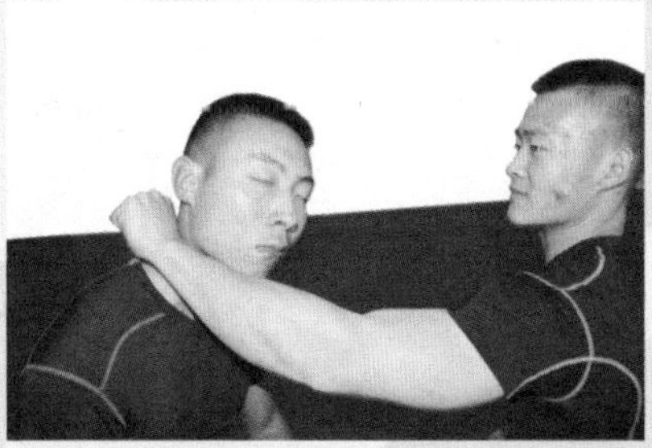

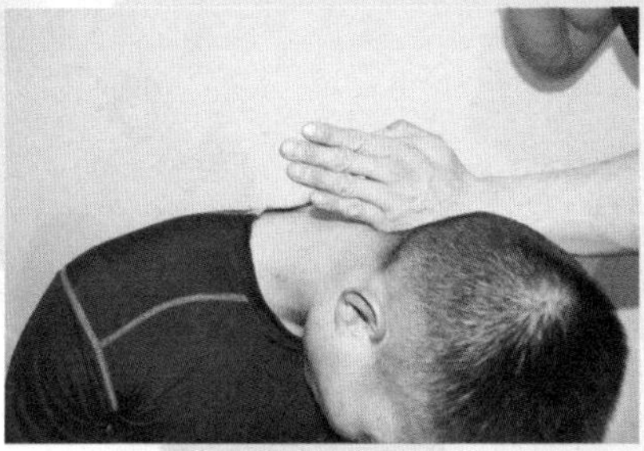

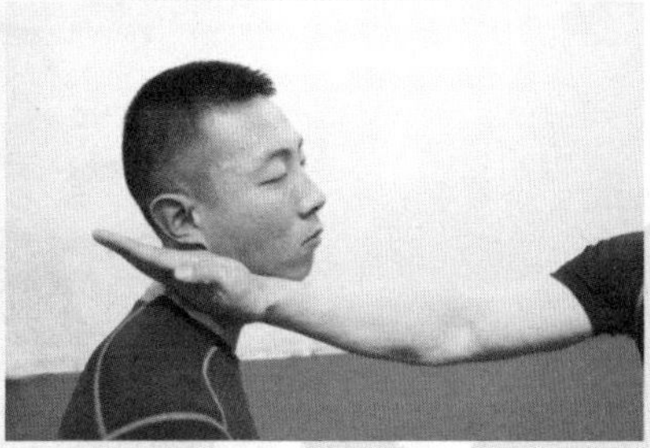

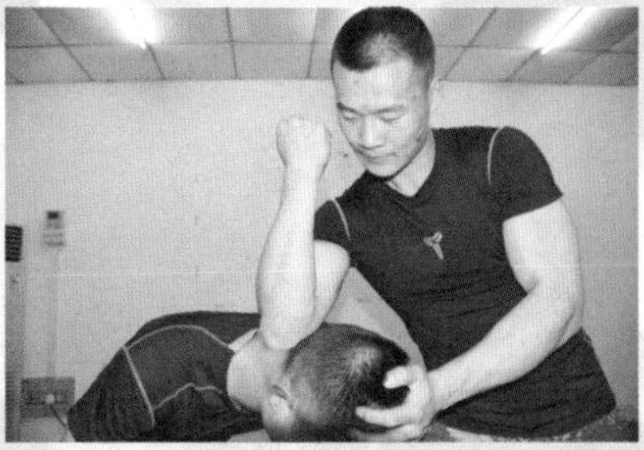

胸部

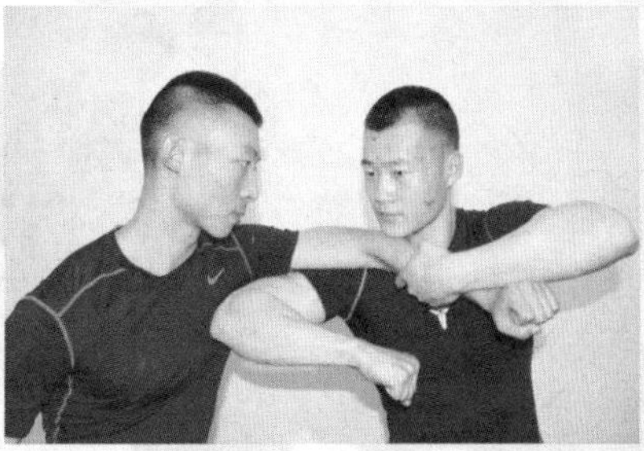

腹部

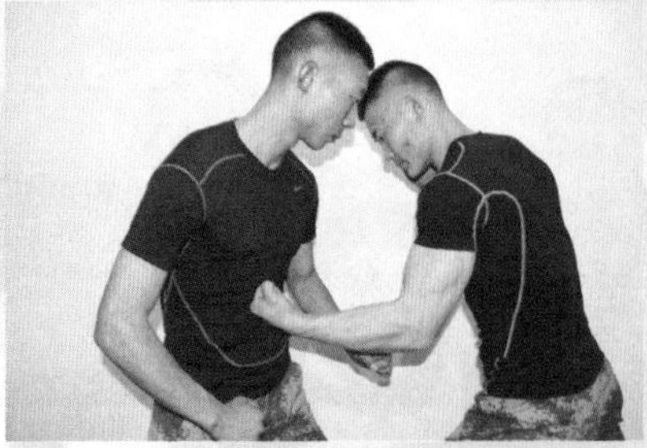
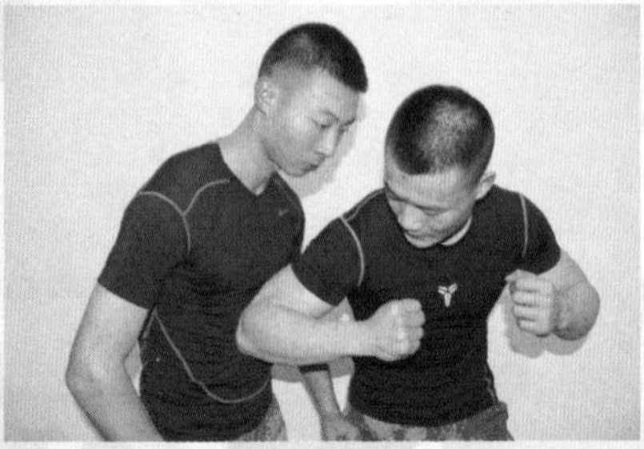
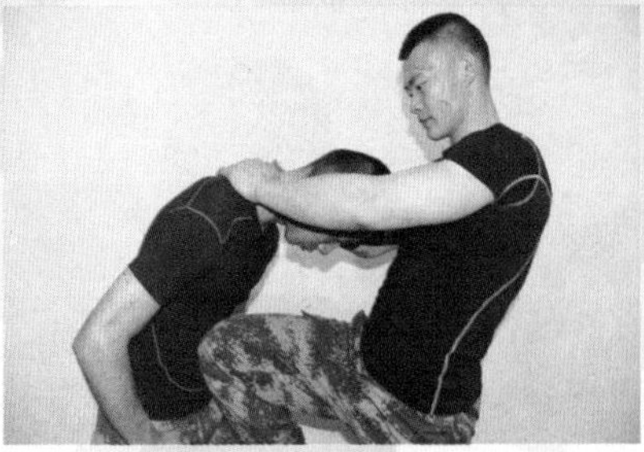

肋部

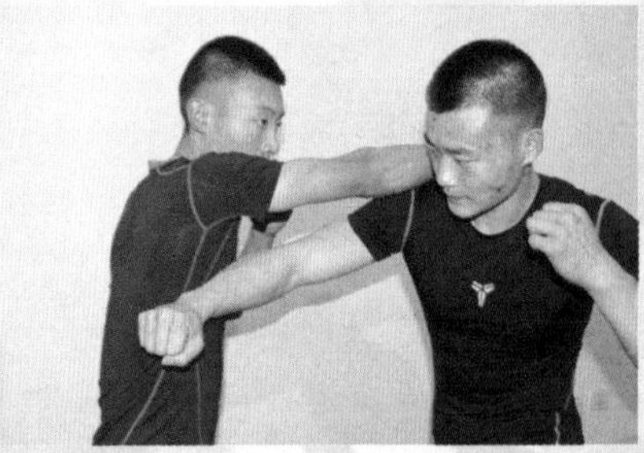

裆部

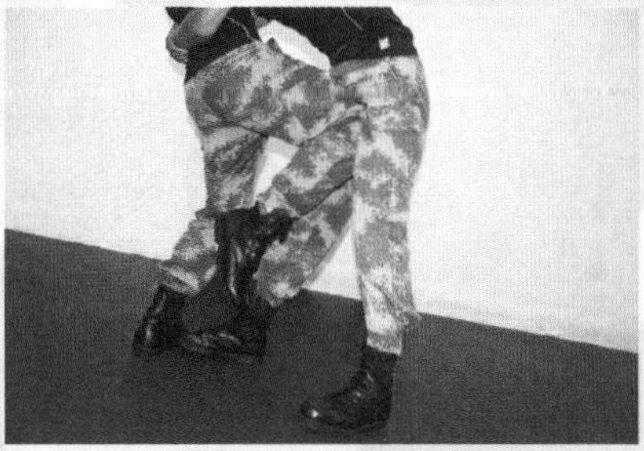

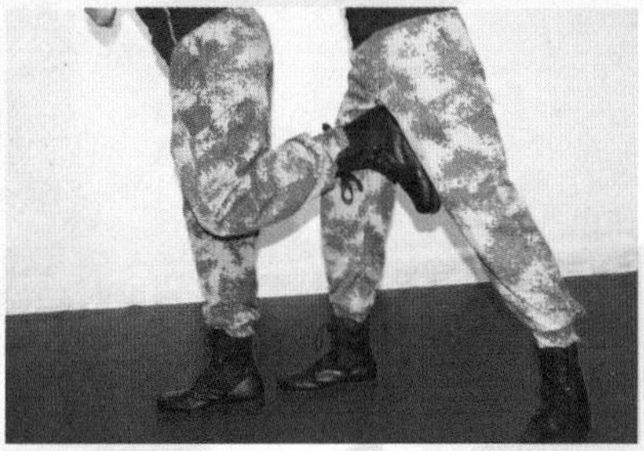

膝部

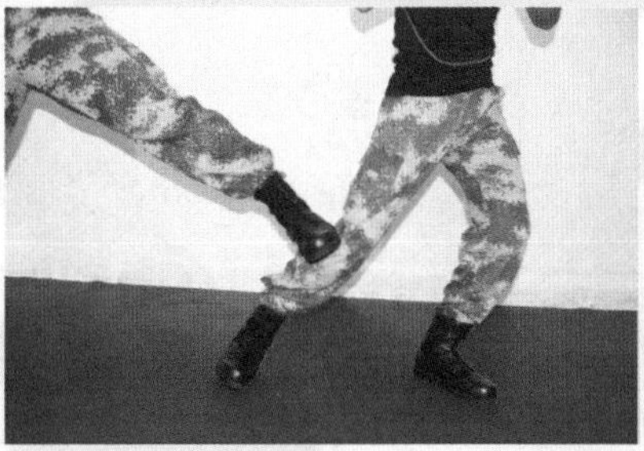

脊柱

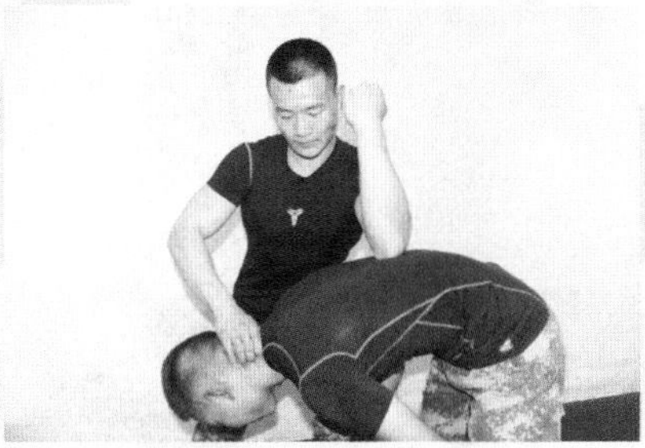
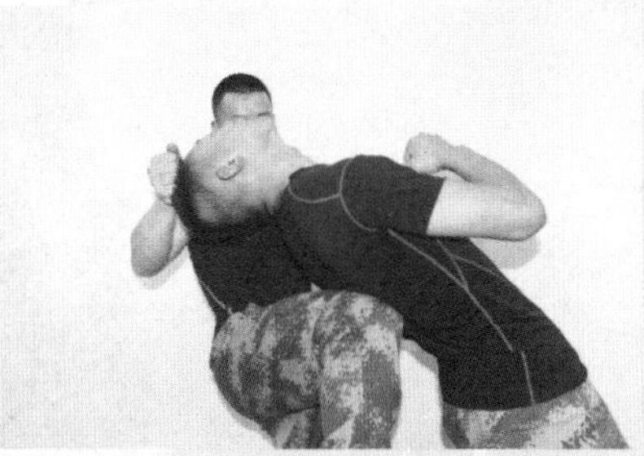

(四)步法与移动

1 重心移动

重心前、后移动:格斗姿势站立,双脚位置不变,右脚蹬地发力推动重心前移,同时上体向前移动,重心大部分落在左腿,保持格斗姿势。向后时,动作相反。

重心左、右移动:格斗姿势站立,双脚位置不动,右脚蹬地发力推动重心左前移,同时上体向左侧移动,重心大部分落在左腿,保持格斗姿势。向右时,动作相反。

2 脚步移动

脚步向前运动：格斗姿势站立，右脚蹬地发力推动重心前移，同时左脚向前迈出一步，落地瞬间右脚跟进一步，保持格斗姿势。

脚步向后移动：格斗姿势站立，左脚蹬地发力推动重心后移，同时右脚向后退出一步，落地瞬间前脚左退一步，保持格斗姿势。

脚步向右移动：格斗姿势站立，左脚蹬地发力推动重心右移，同时右脚向右侧迈出一步，落地瞬间左脚向右移动一步，保持格斗姿势。

脚步向左移动：格斗姿势站立，右脚蹬地发力推动重心左移，同时左脚向左侧迈出一步，落地瞬间右脚向左移动一步，保持格斗姿势。

3 地面上的移动

背躺后移：背躺姿态，一脚御敌一脚用力向下蹬地，推动身体后移，判断敌情两脚适时轮换进行，远离敌方以便快速站立起来。

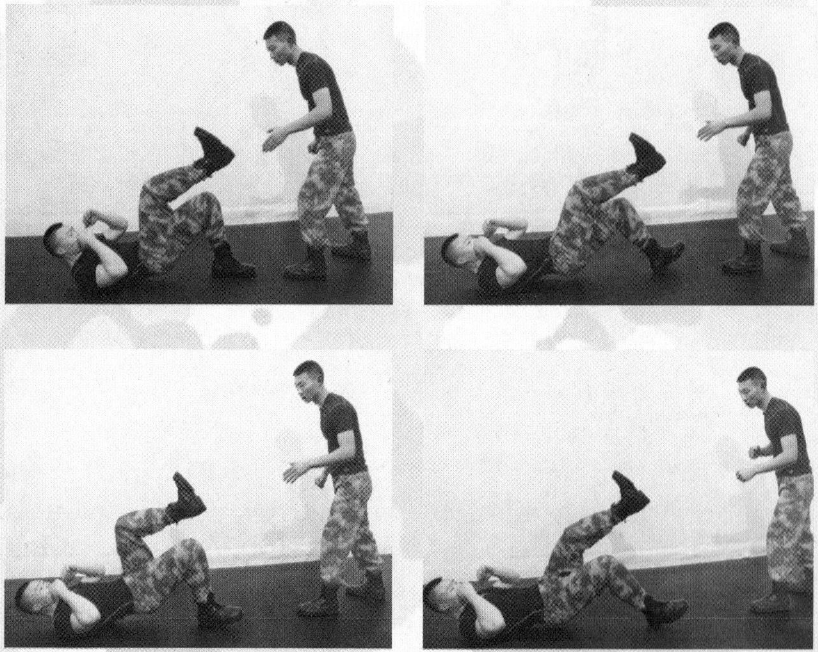

背躺摆转：背躺姿态，防敌绕袭或侧向袭击，一脚蹬地或手臂辅助适当转动防御进攻。

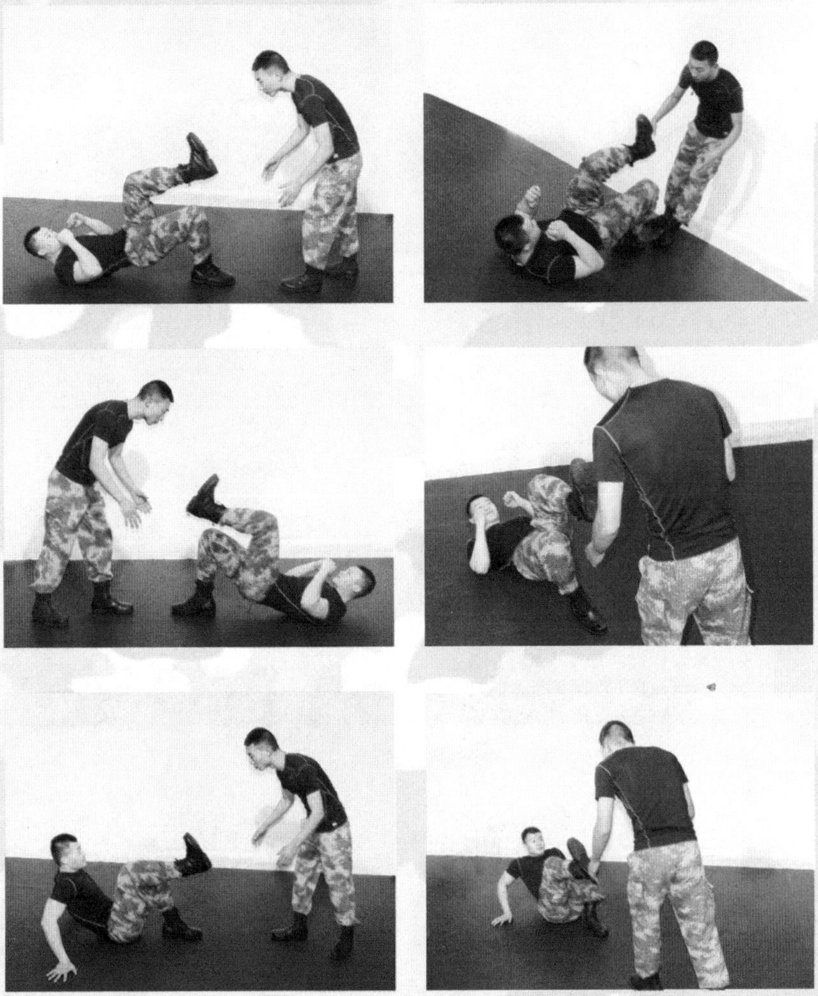

侧躺翻转：侧躺防御姿态下，判断敌进攻意图，适时翻转防御。

（五）跌扑与翻滚

1 跌仆

向前扑倒

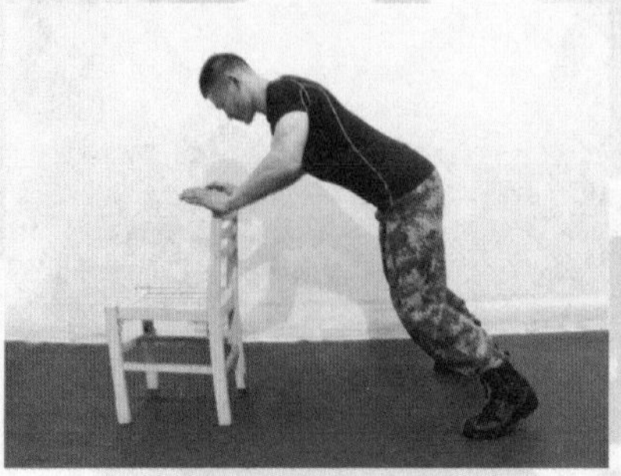

向后跌倒

侧向跌倒

2 翻滚

向前翻滚

向后翻滚

侧倒翻滚

越障前滚翻

（六）起身与站立

1 防御位起身站立

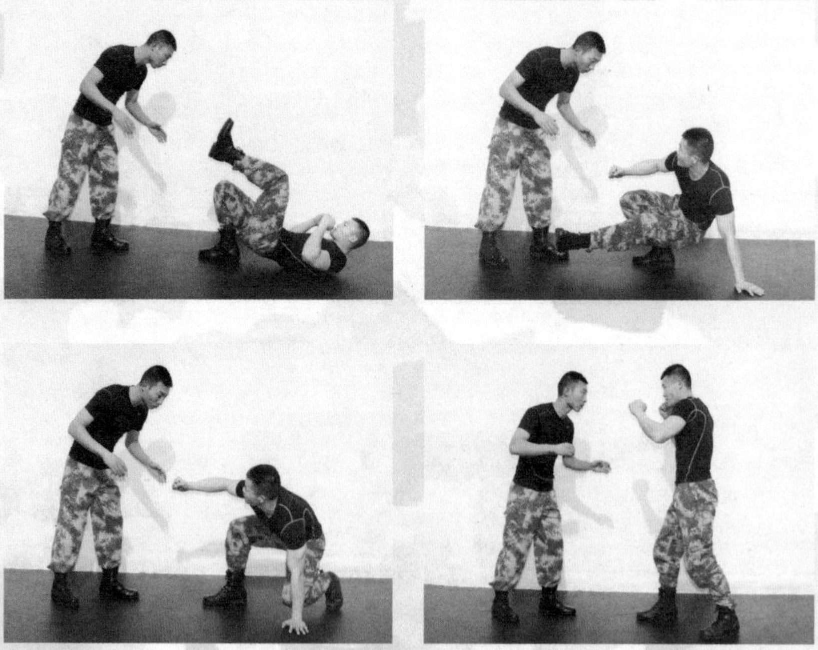

2 移动中起身站立

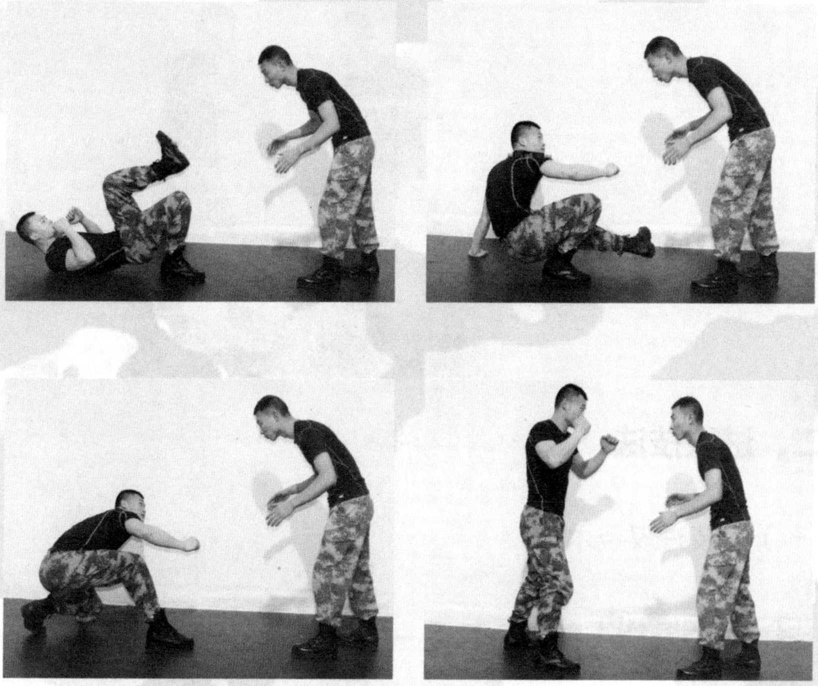

3 反击后起身站立

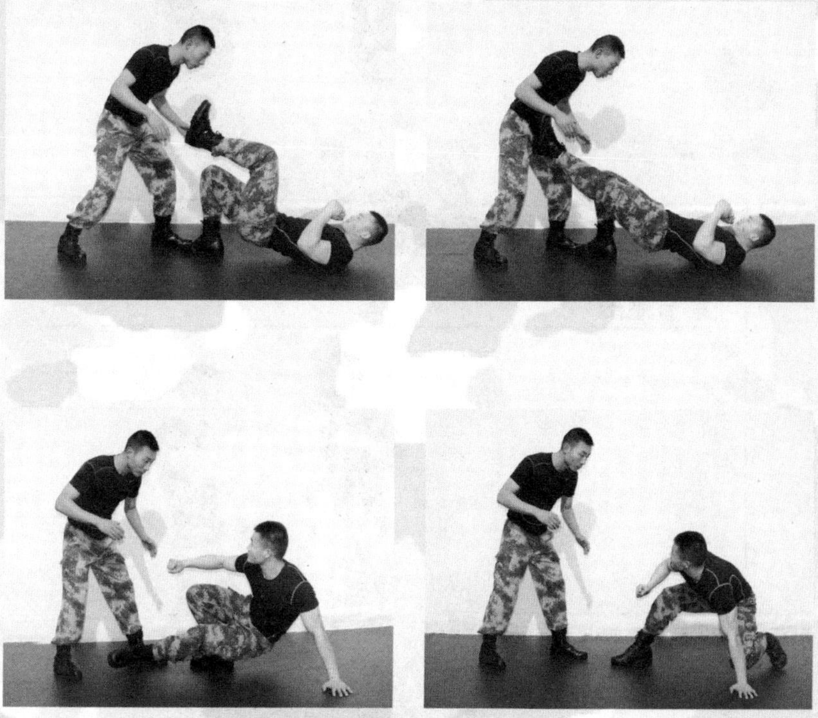

二、进攻技法

（一）上肢进攻技术

1 指法

手指戳击

指节撞击

虎口掐击

掌刃劈或砍击

掌根推击

3 拳法

前手直拳攻击头部或肋部

后手直拳攻击胸部或头部

低架直拳攻击腹部或裆部

前手平勾拳攻击头部或侧肋

后手平勾拳攻击头部或腹肋部

前手上勾拳攻击下颌

前手上勾拳攻击腹部

后手上勾拳攻击下颌

向下捶击头部

侧向捶击面颊

转身捶击头部

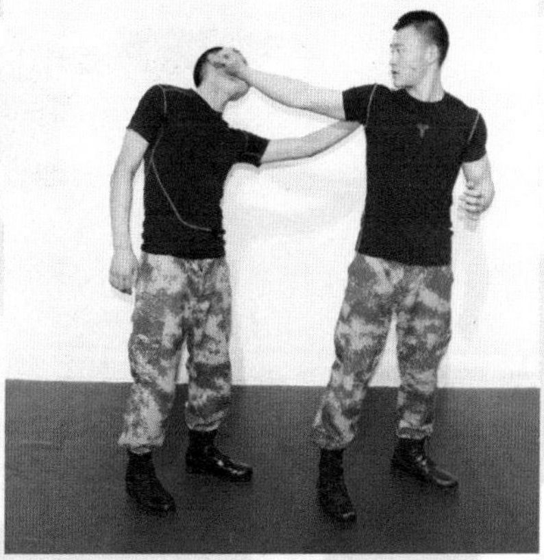

横击肘攻击头颈部或侧肋

前、后扫肘攻击头颈部

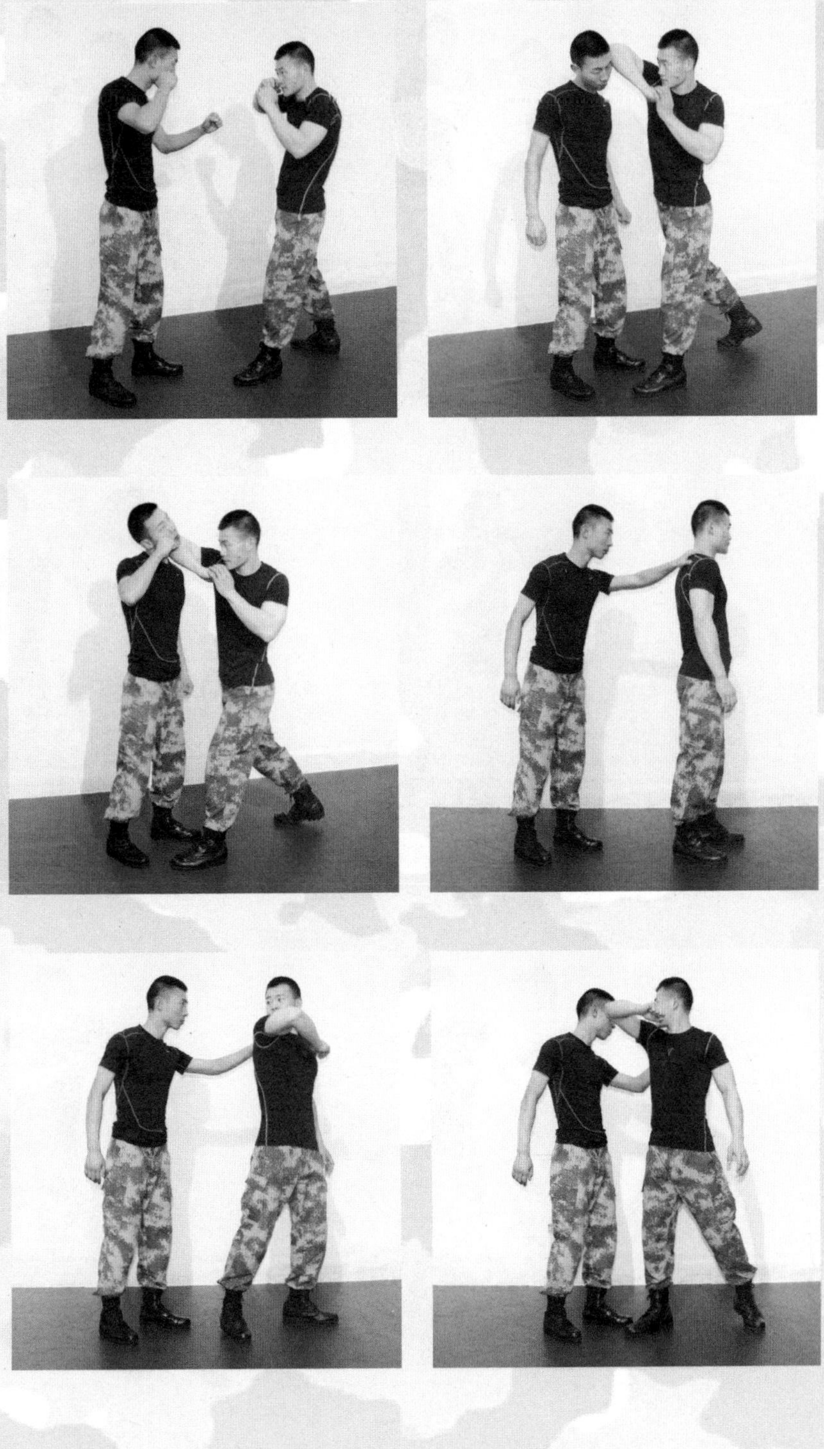

前、后挑肘攻击下颌或胸腹部

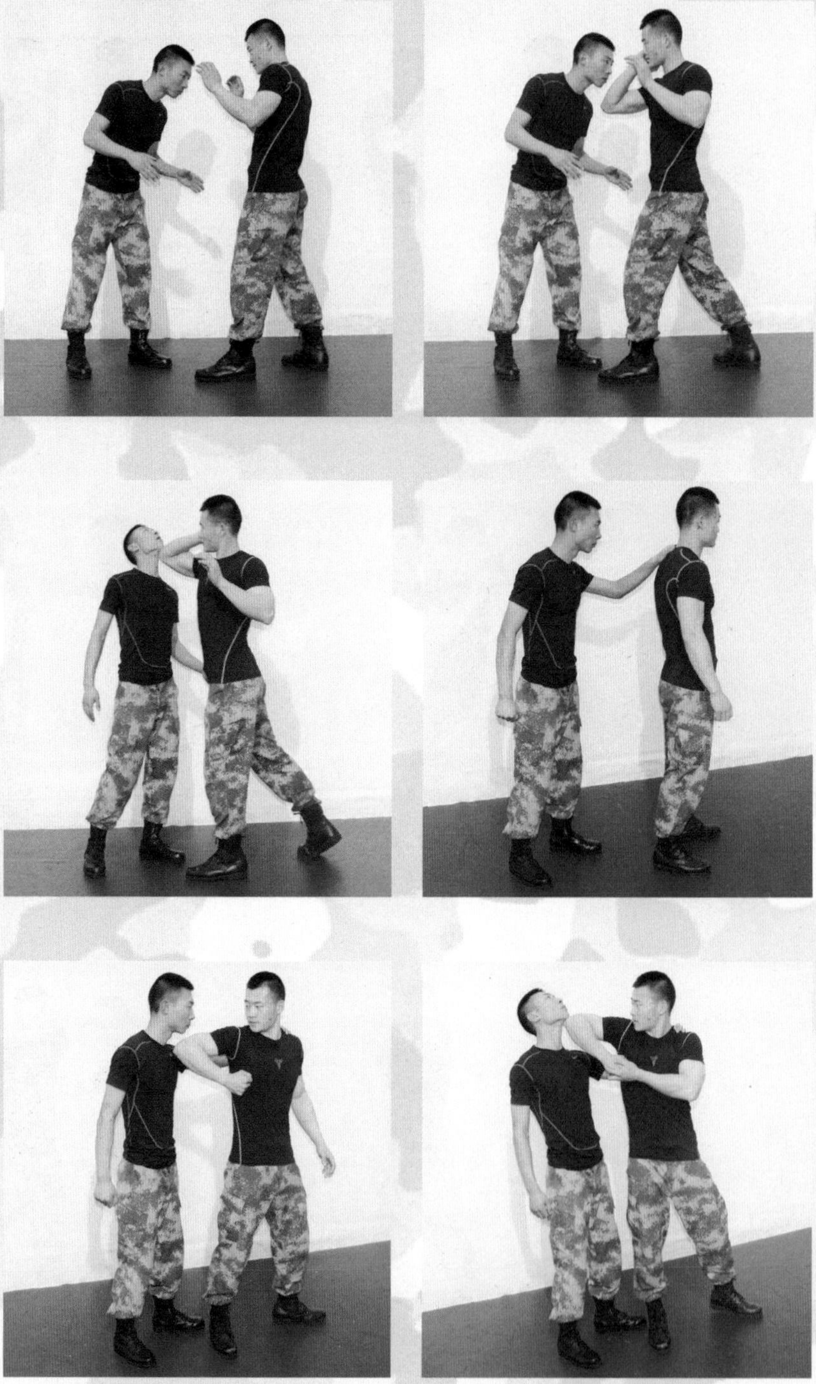

下砸肘攻击后颈

（二）下肢进攻技术

1 腿法

前踢腿攻击裆部或颈部

刺踢腿进攻或防御胸腹部

侧踹腿攻击下肢、胸腹和头部

鞭扫退攻击上中下盘

后蹬腿攻击胸腹、头部或连环蹬

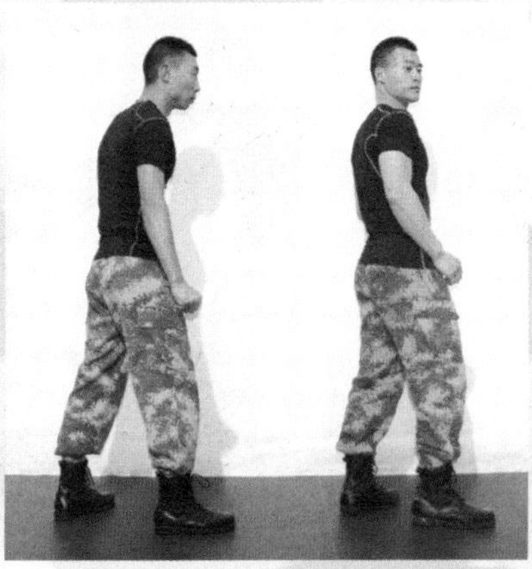

回旋踢攻击头部

内、外摆踢攻击面部

下劈腿攻击头部或背部

2 膝法

正顶膝攻击面部或腹部

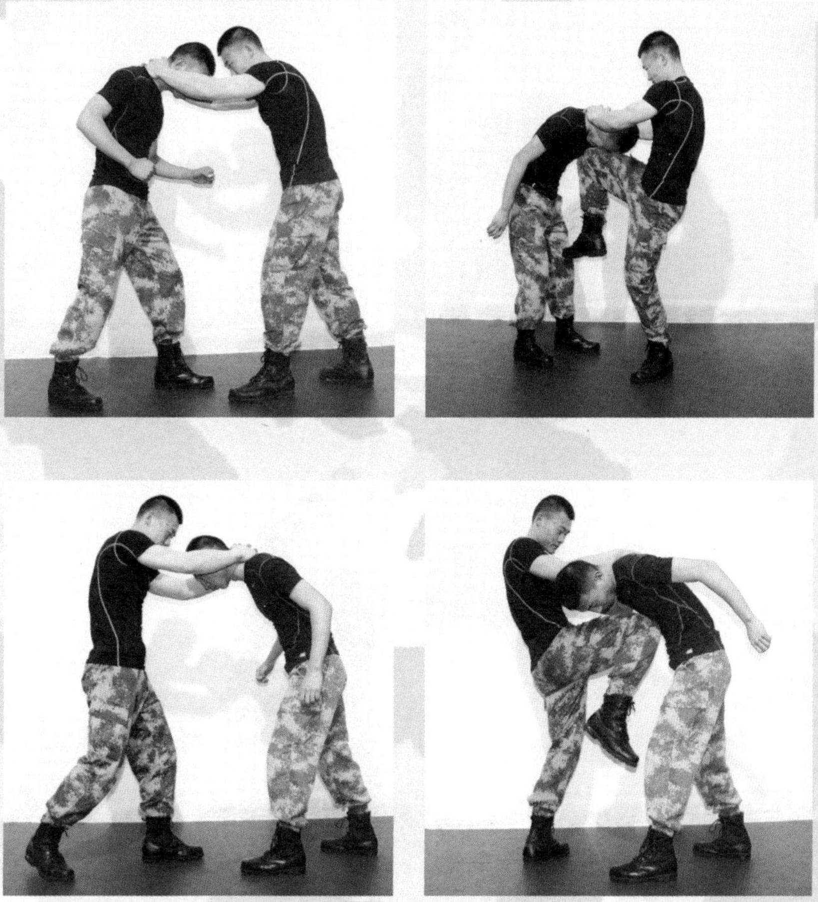

箍颈连环顶与飞膝

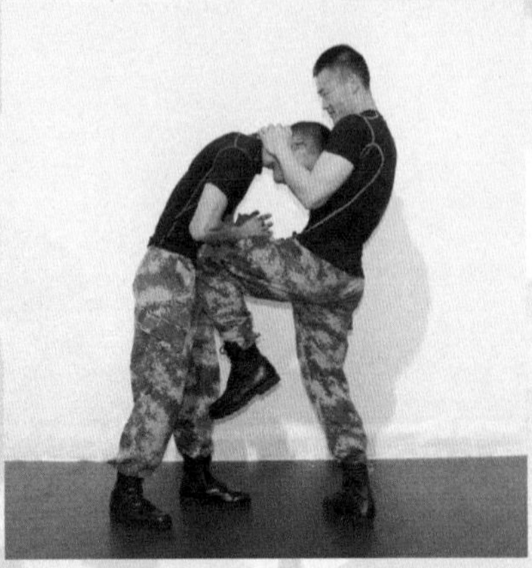

侧撞膝攻击腹部肋部或后脑

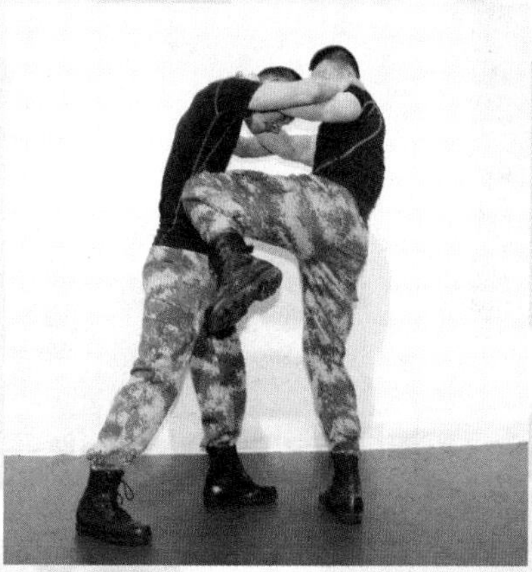

3 踢击跺踩倒地者

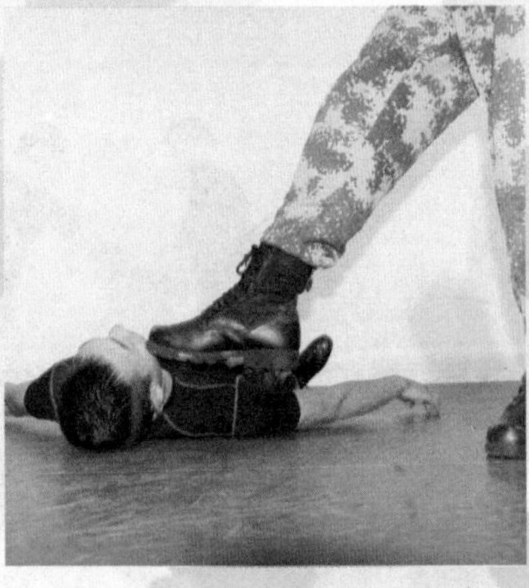

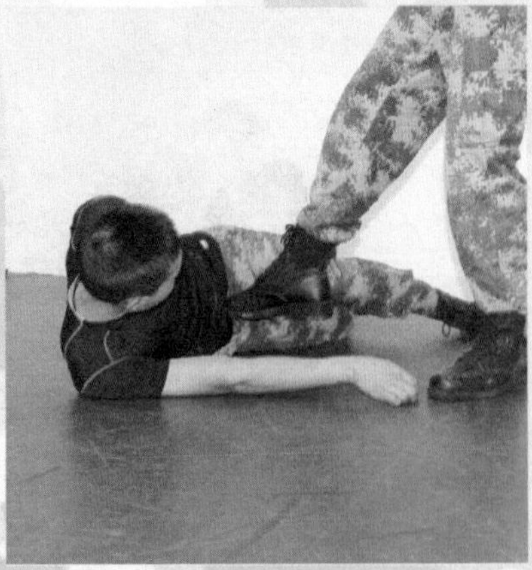

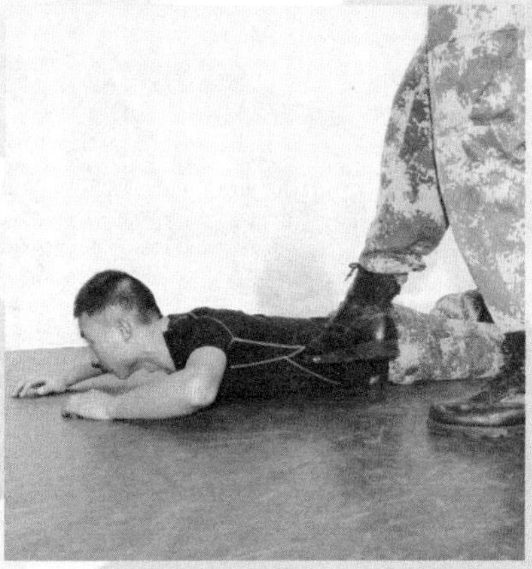
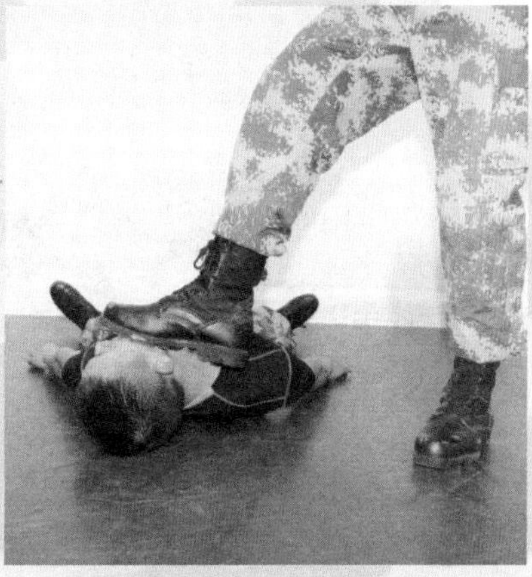
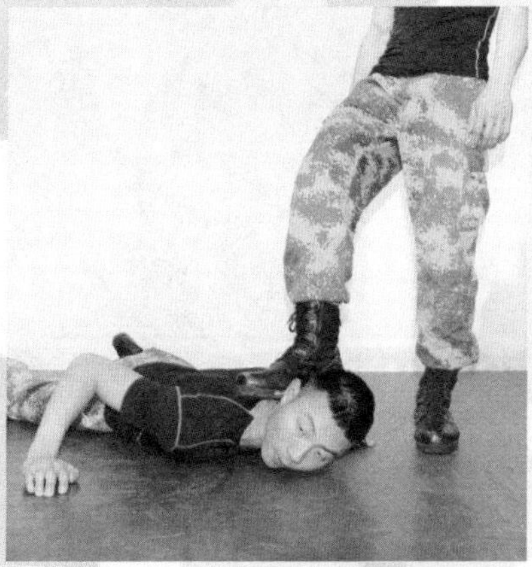
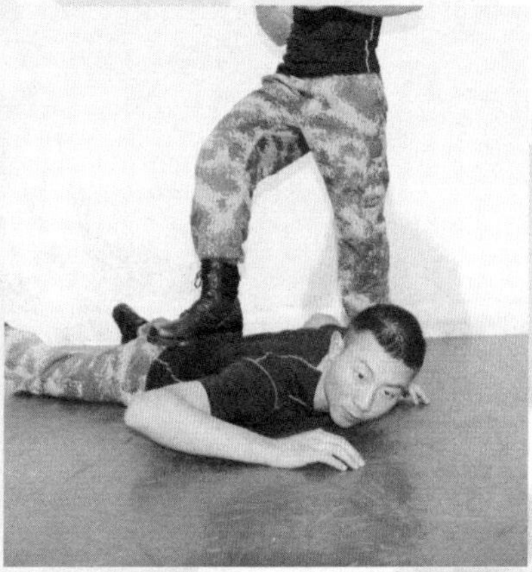
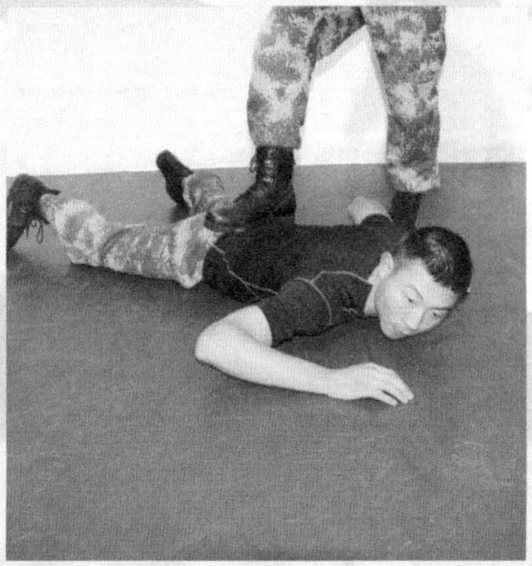
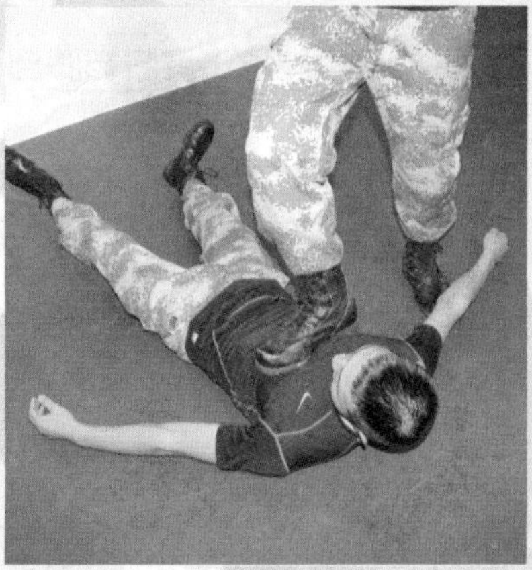

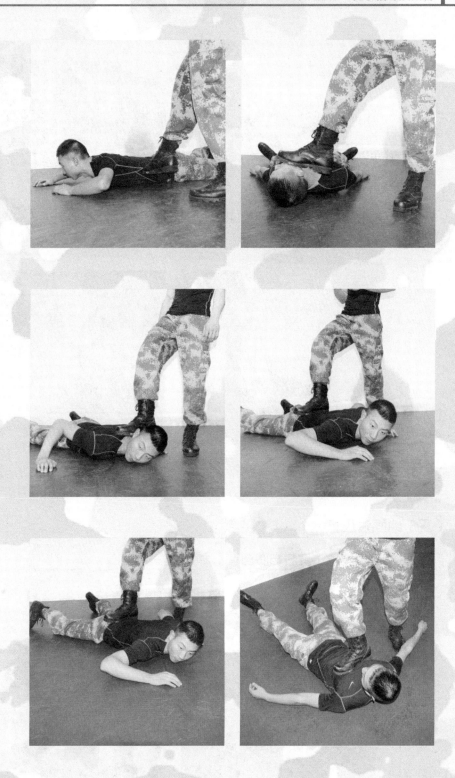

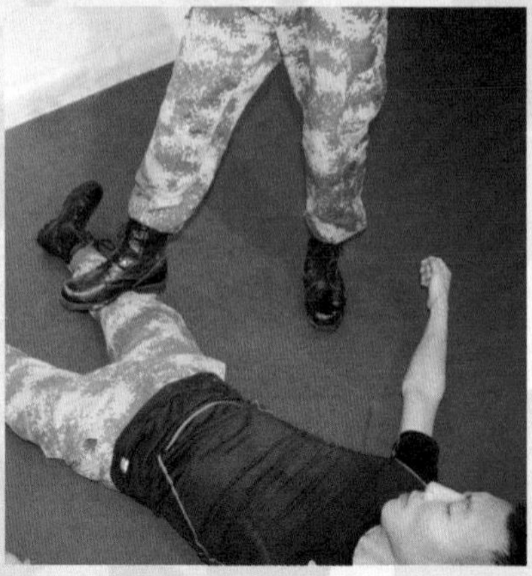

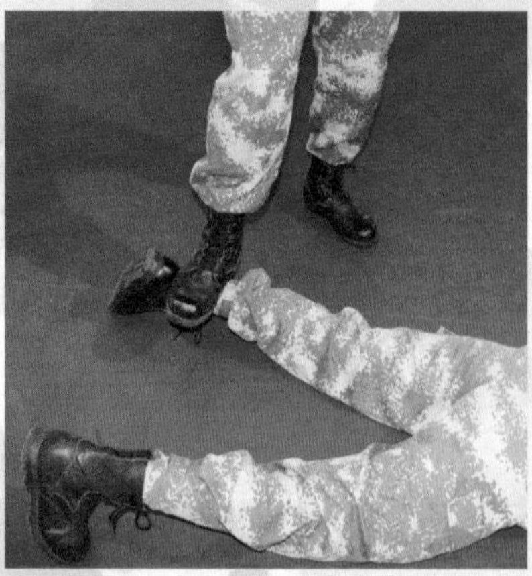

（三）地面进攻技术

1 倒地位脚踢攻击技术

前蹬腿攻击胸腹裆膝部

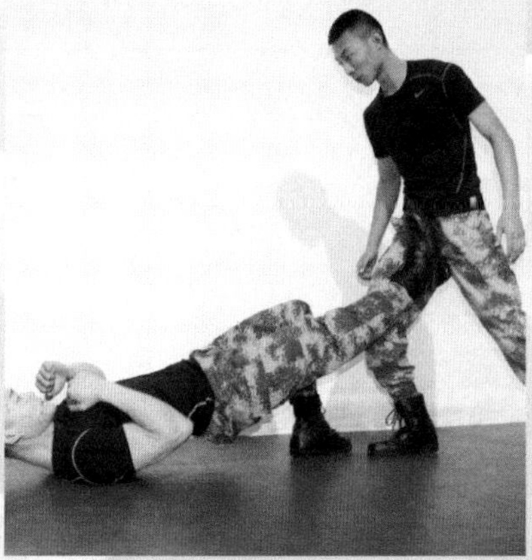

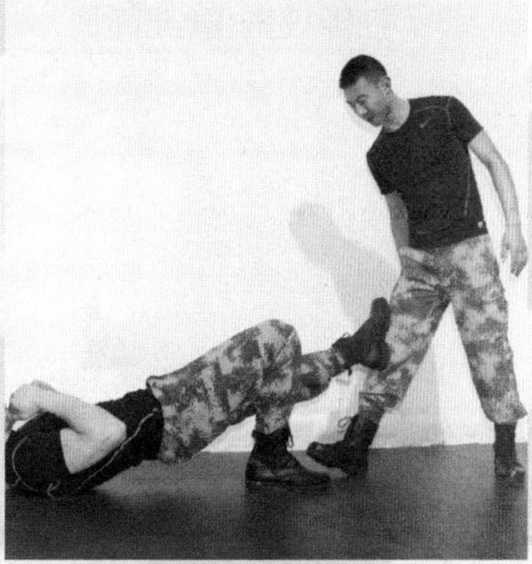

双蹬腿攻击胸腹部

扫踢攻击腿裆膝部

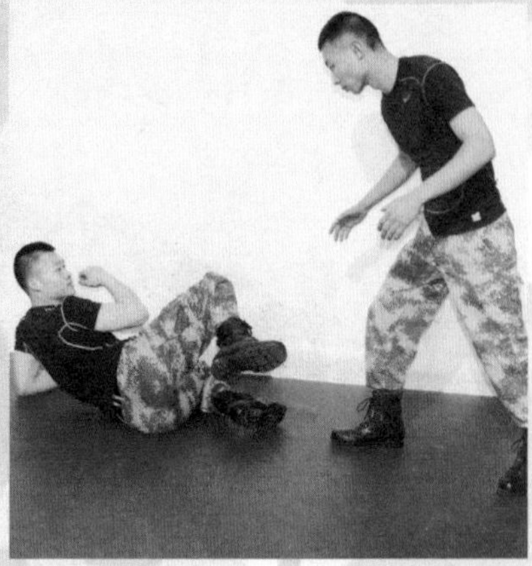

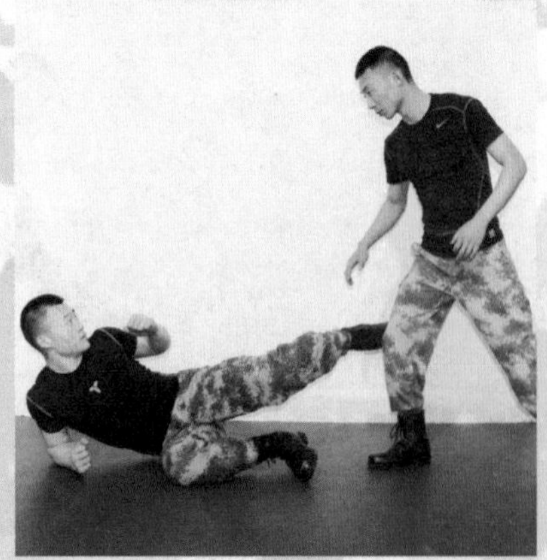

侧踹攻击胸膝部

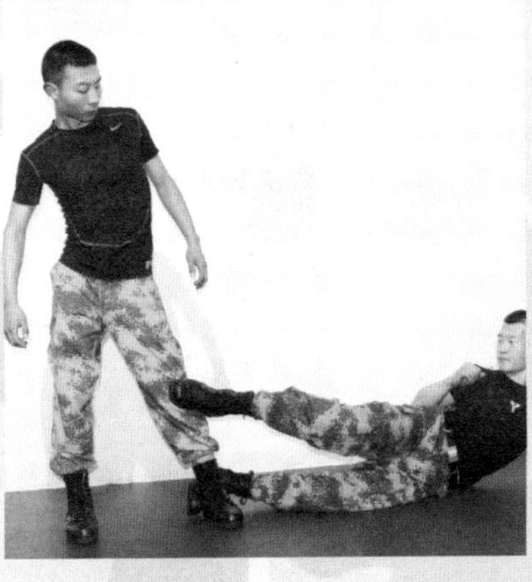

剪刀腿攻击腿内外侧

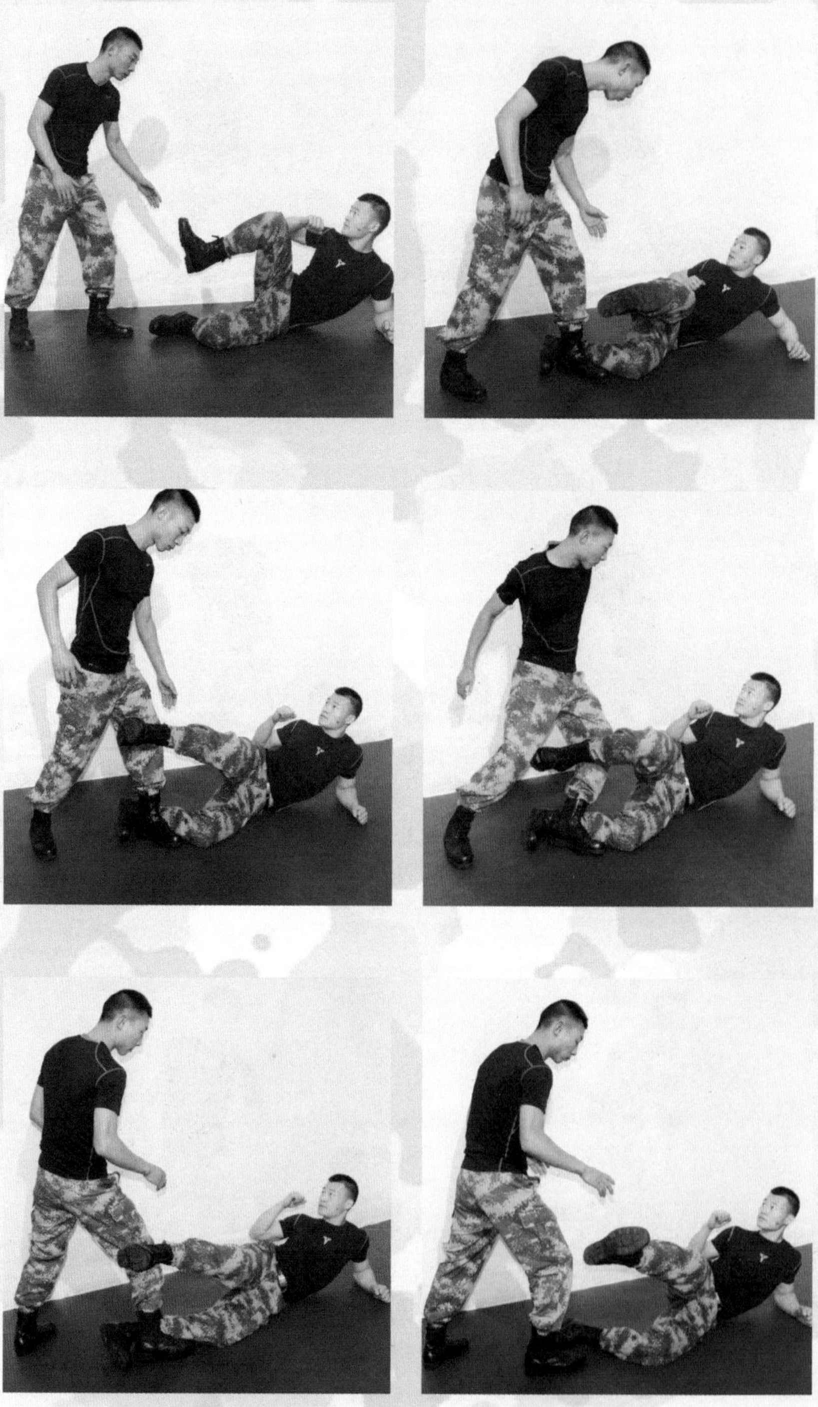

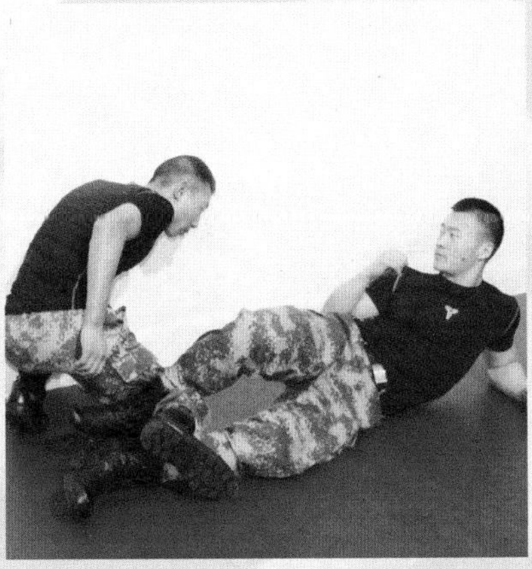

2 骑乘位攻击技术

拳肘攻击头部

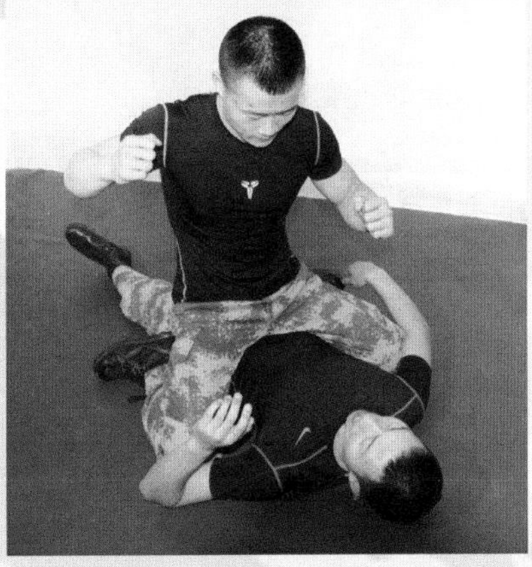

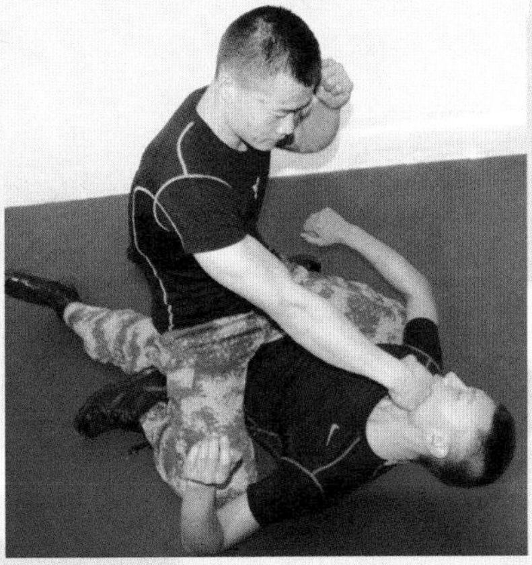

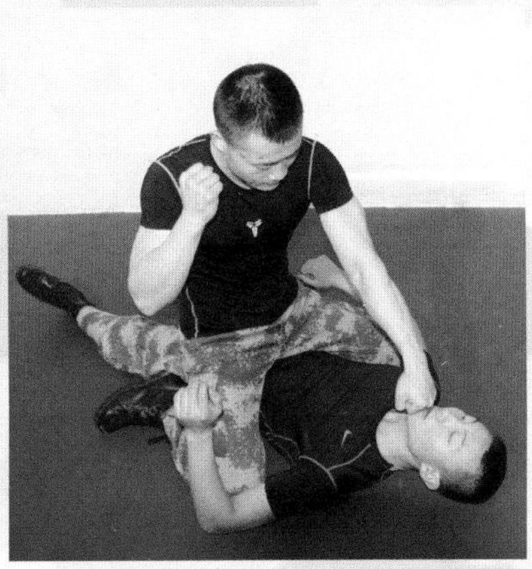

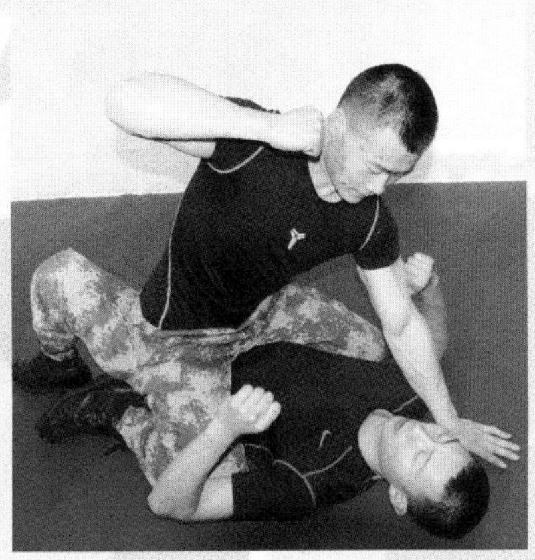

捶击头撞面部

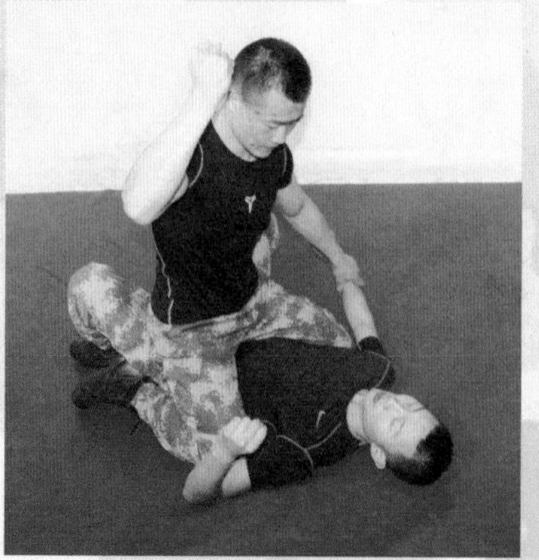

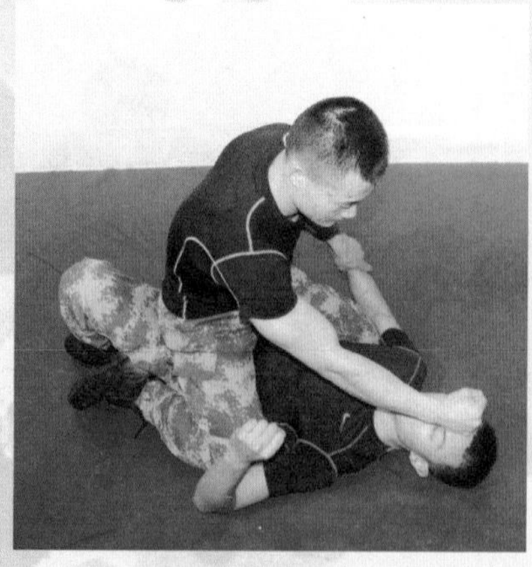

抠戳攻击眼睛

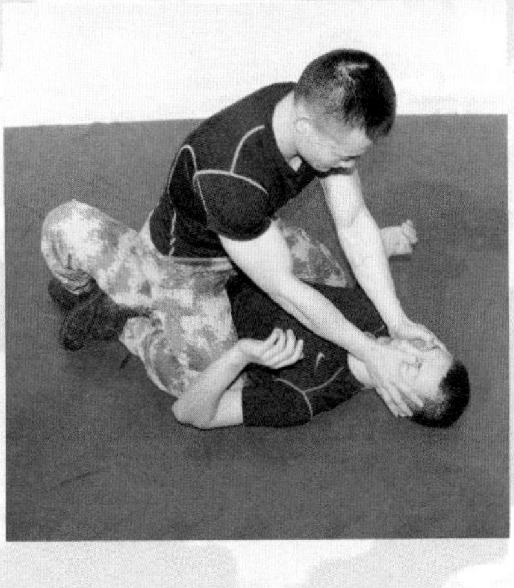

锁掐攻击咽喉

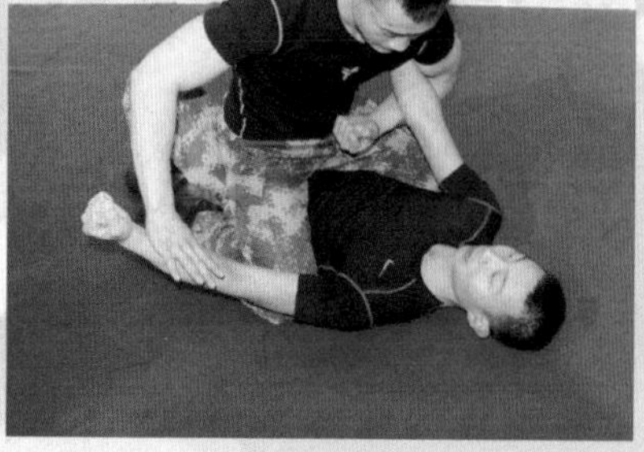

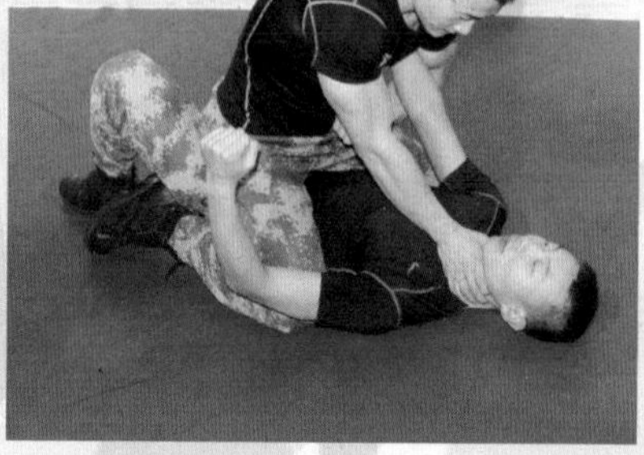

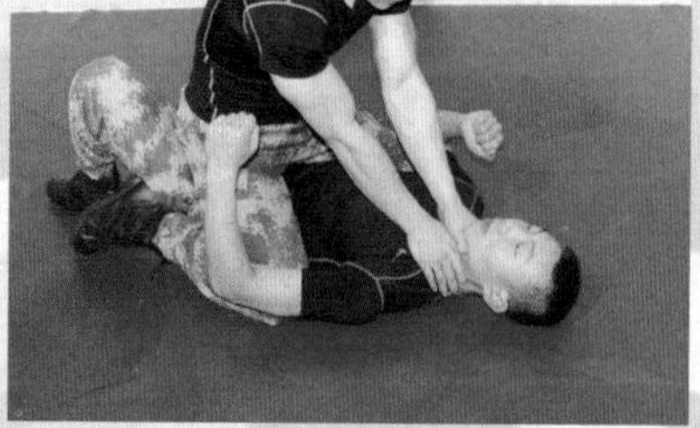

3 被压制攻击技术

拳法攻击头部

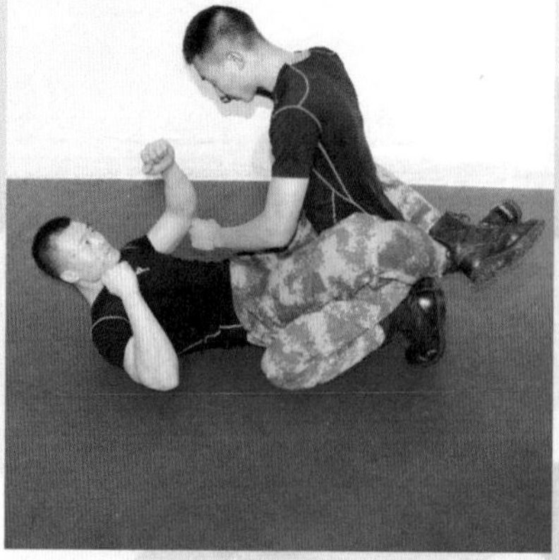

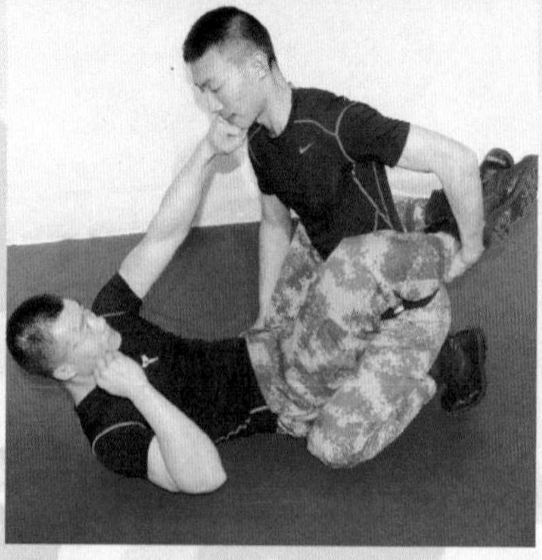

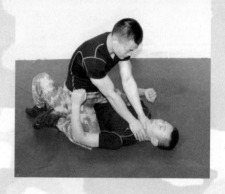

肘法攻击后脑

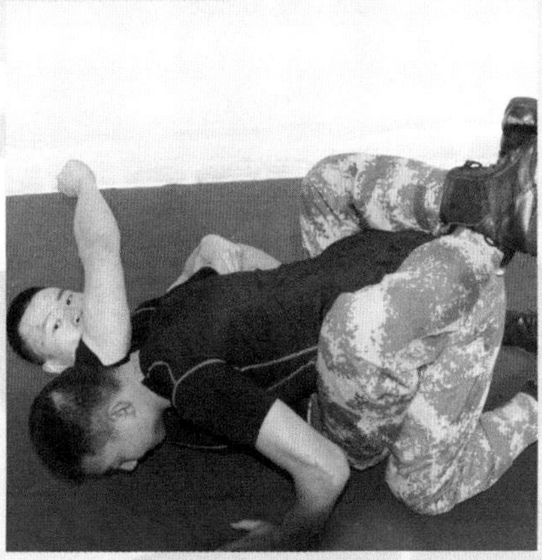

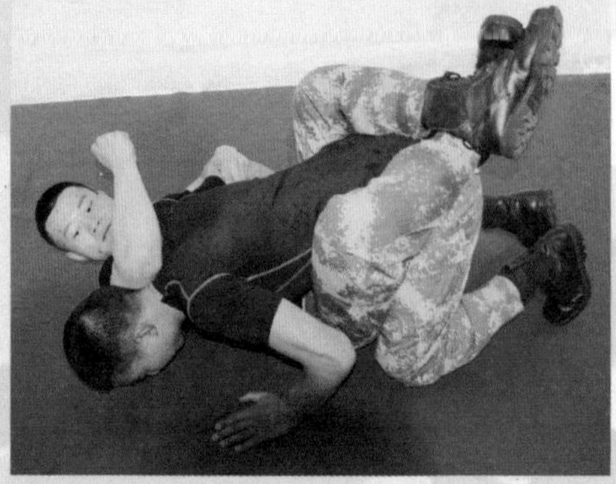

抠戳攻击眼睛

防掐推面蹬腿

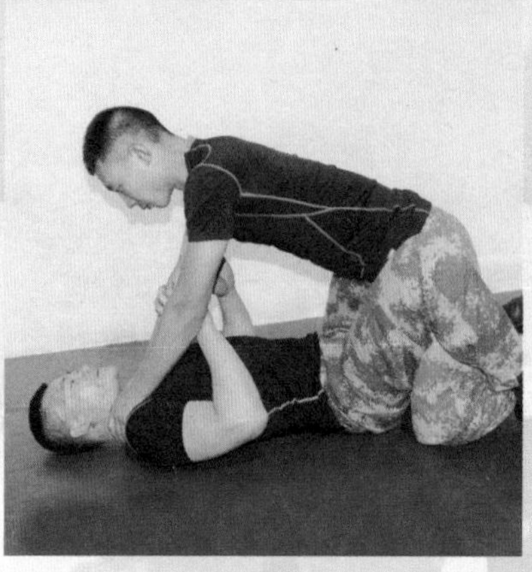

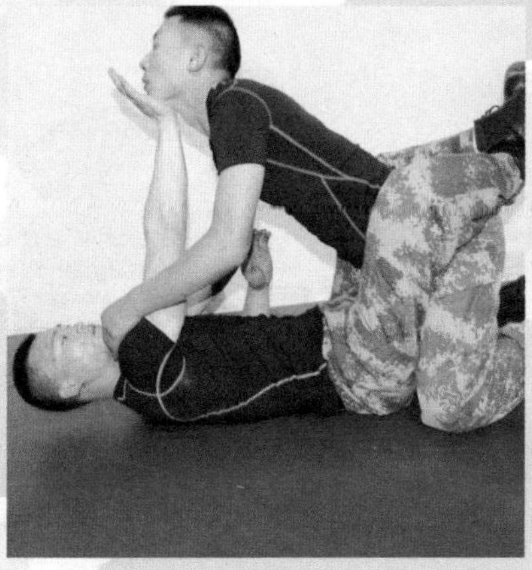

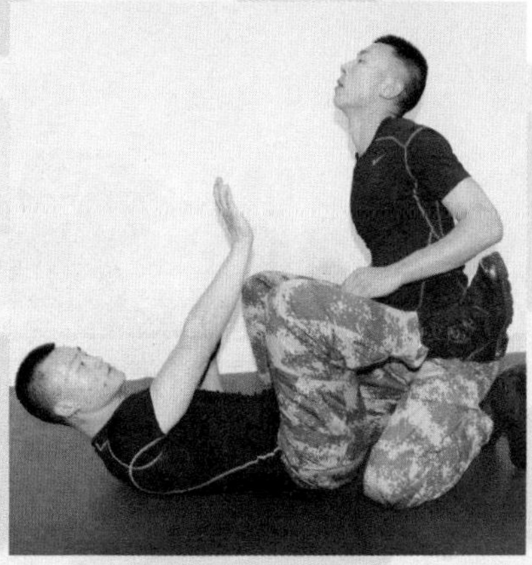

4 侧控位攻击技术

拳肘攻击面部

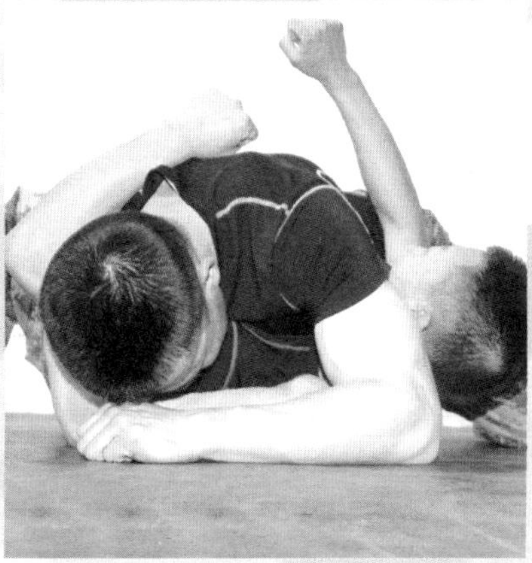

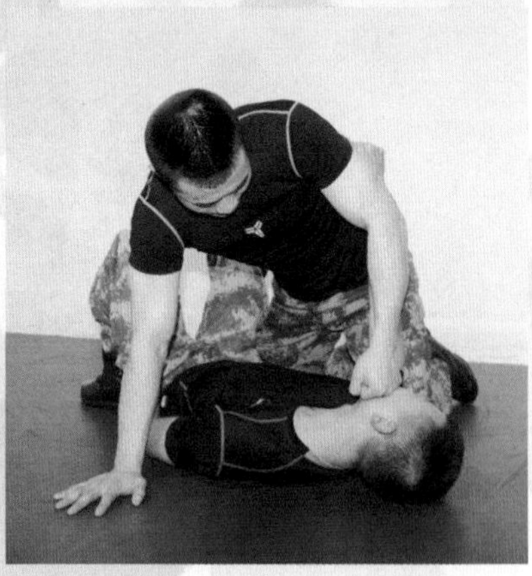

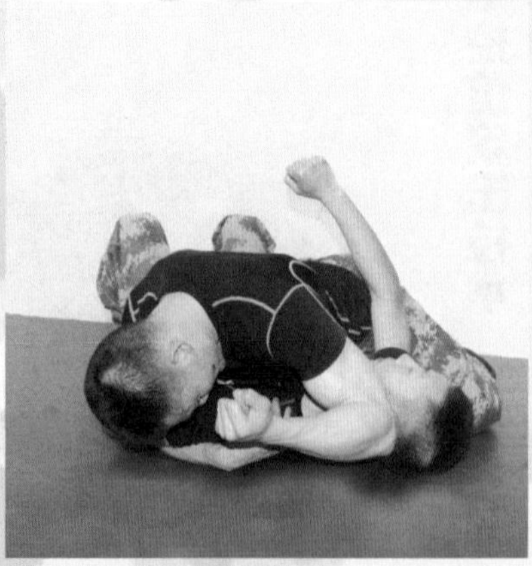

膝法攻击头部肋部

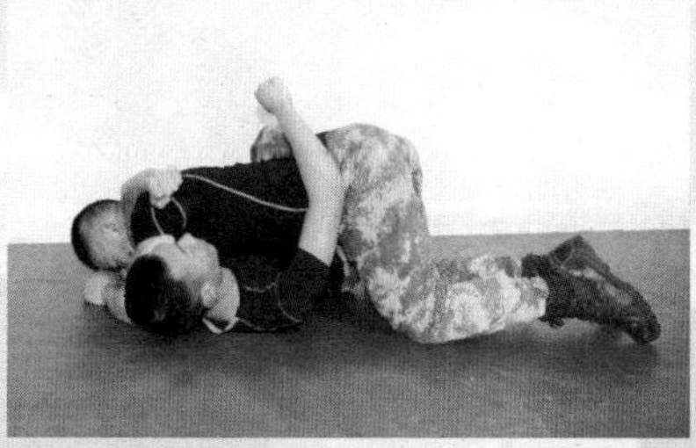

击裆撞头抠眼

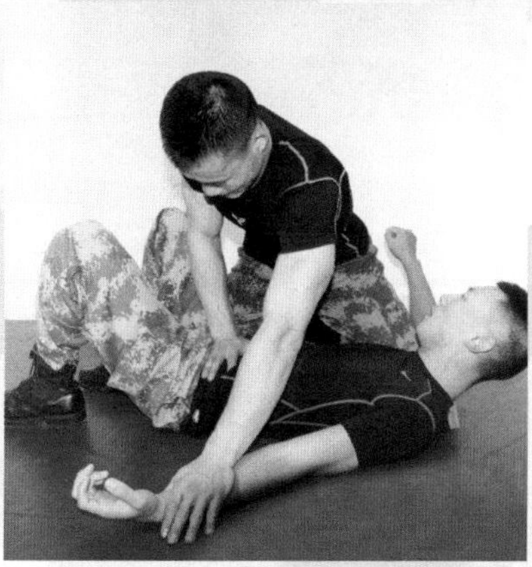
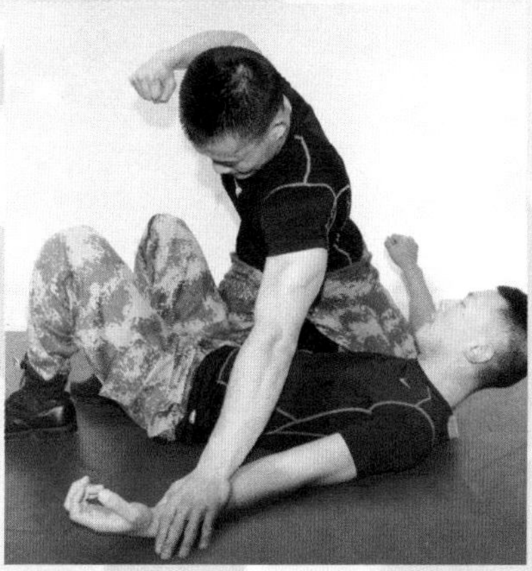

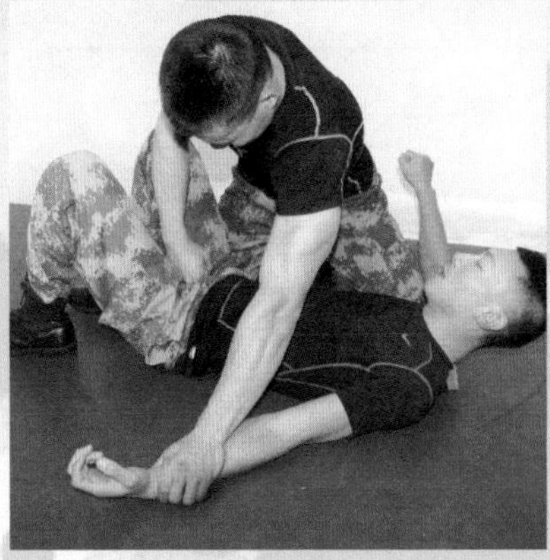

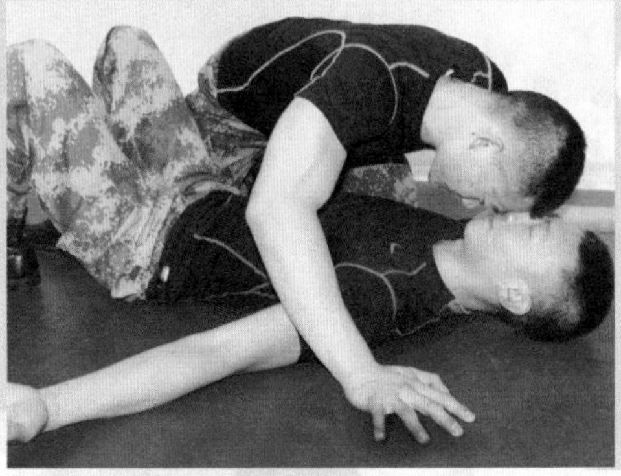

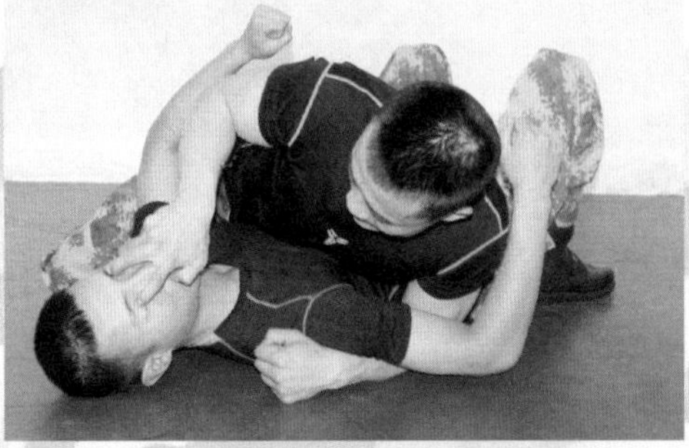

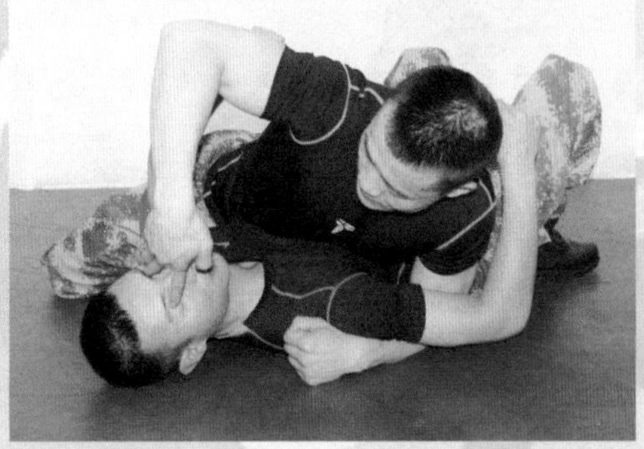

撕咬掐捏

5 背后控制攻击技术

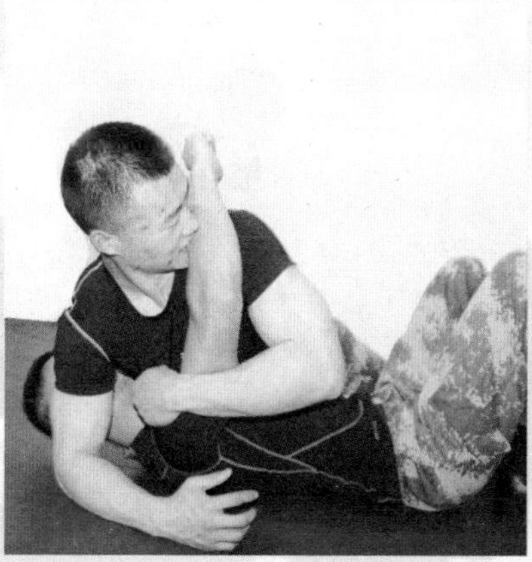

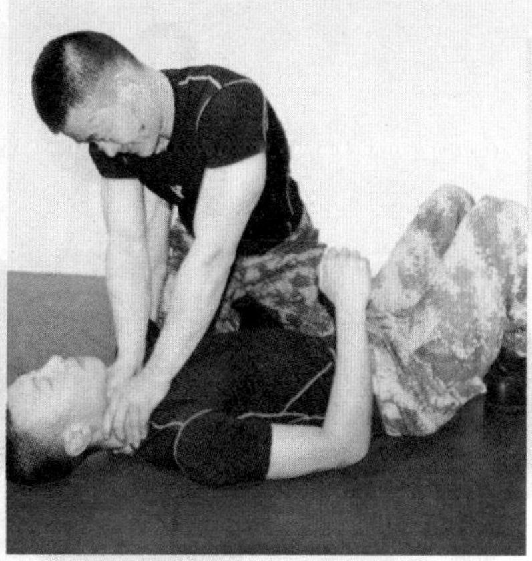

坐姿攻击头部

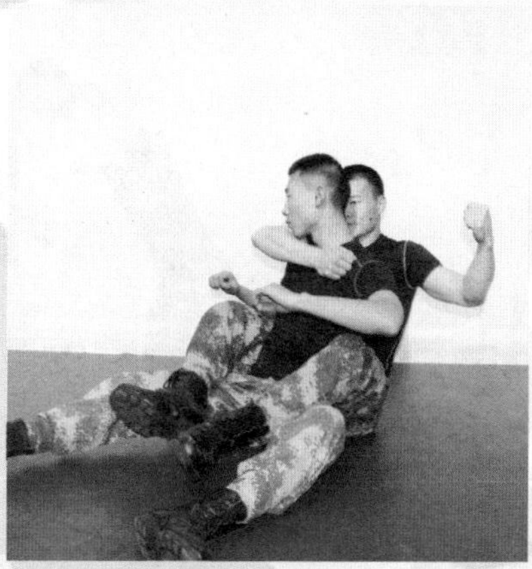

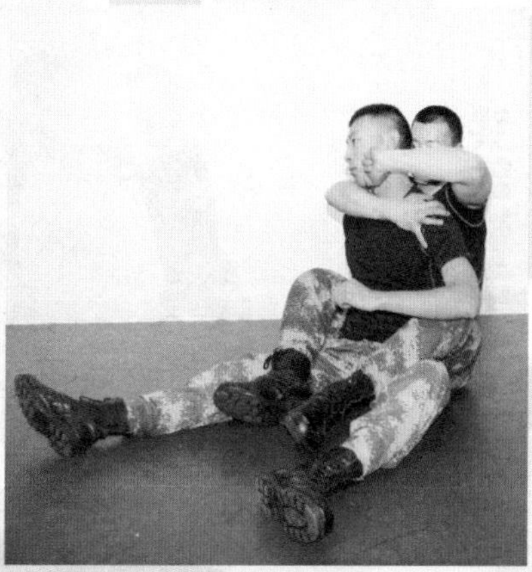

趴伏攻击头部

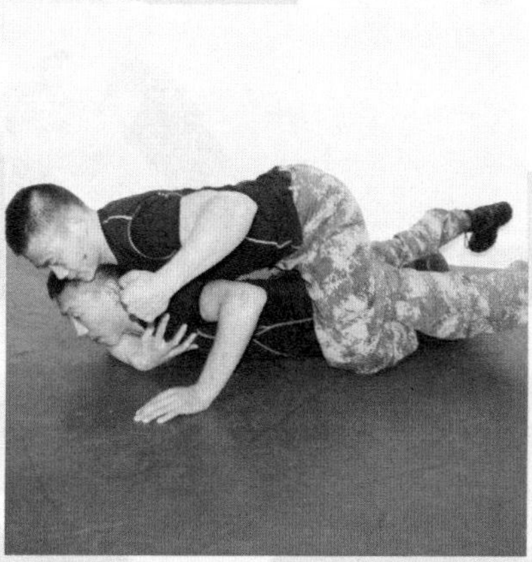

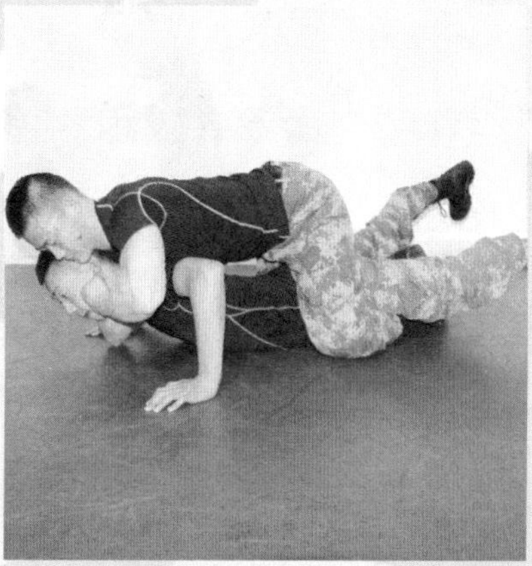

扳头撞地

（四）其他进攻技术

1 头部撞击

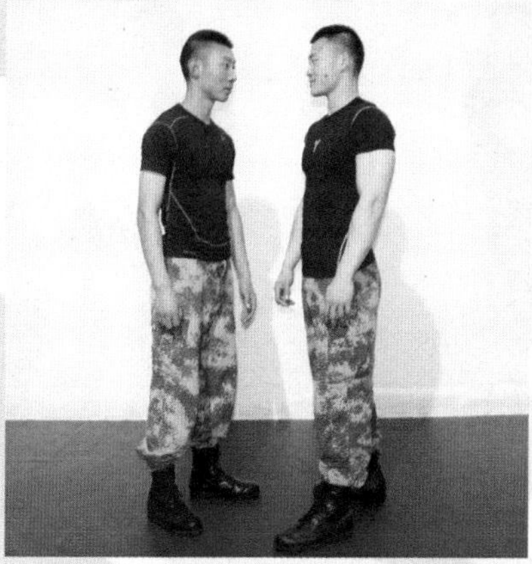

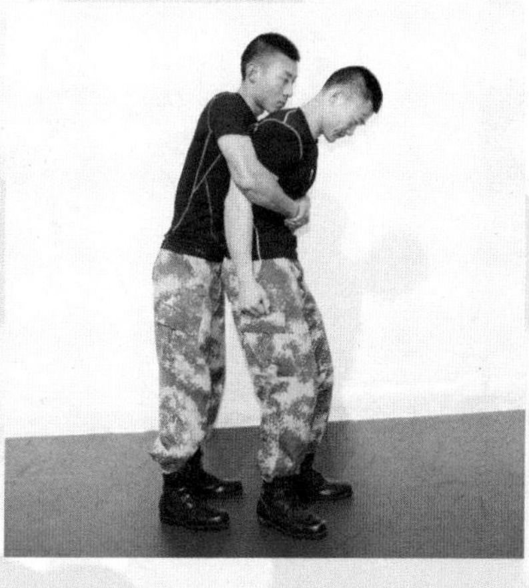

2 小臂攻击

3 胫骨踢攻击裆部

4 飞身鞭扫腿

刺踢＋腾空前踢

外摆踢＋腾空前踢

踩跺脚面

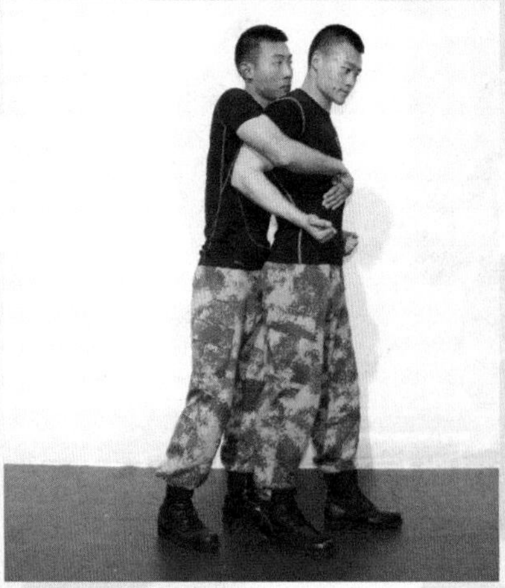

撩踢裆部

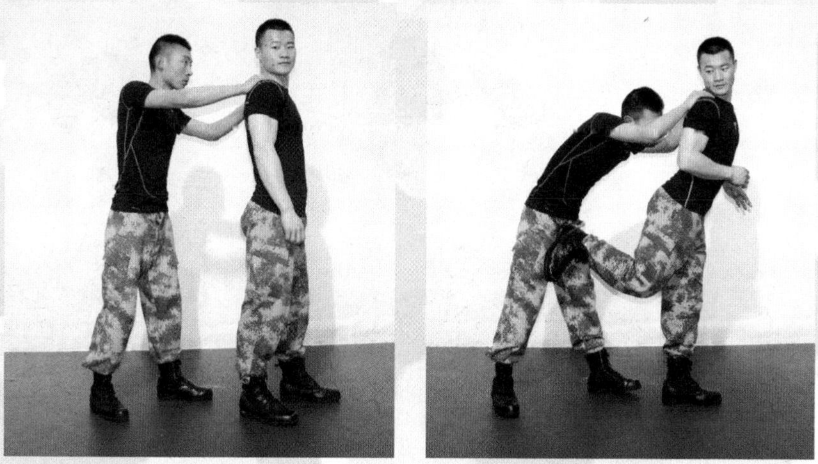

三、投摔技法

（一）抄腿摔

1 抱双腿摔

高位抱双腿摔

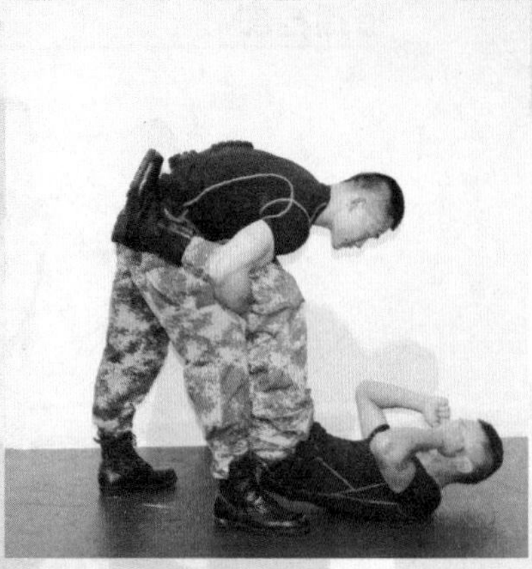

低位抱双腿摔

侧抱双腿掬投

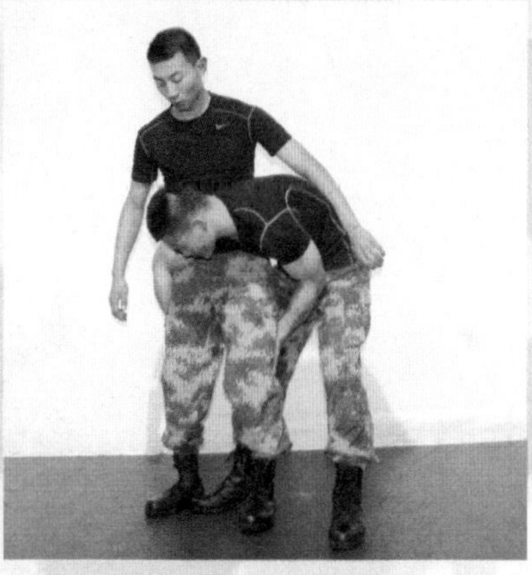

2 抱单腿摔

高位抱单腿摔

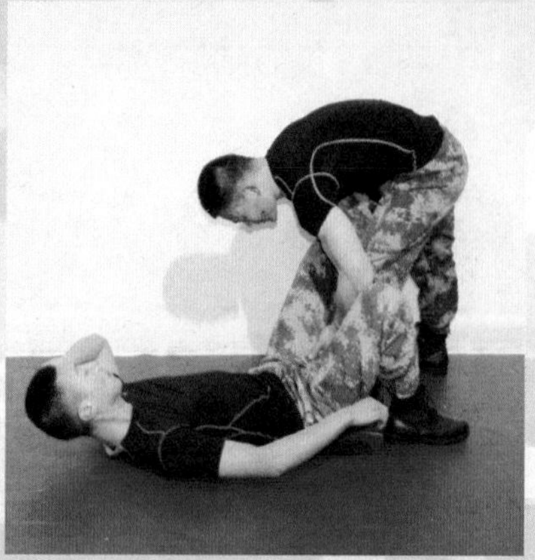

低位抱单腿摔

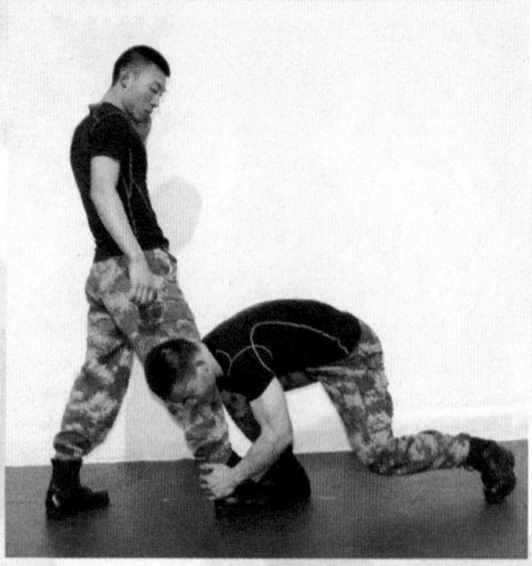

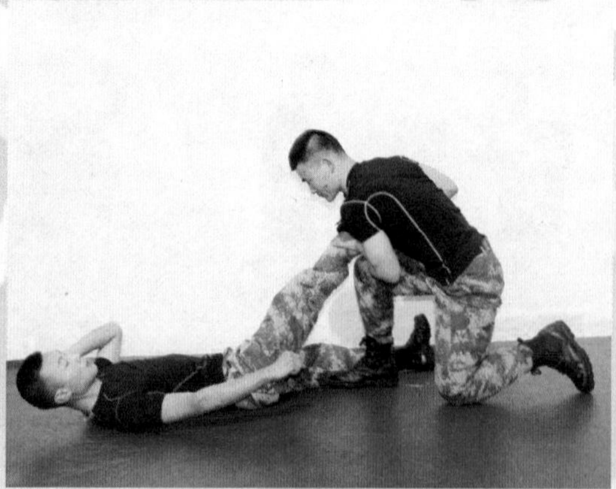

3 接腿摔

接腿掀摔

接腿勾扫摔

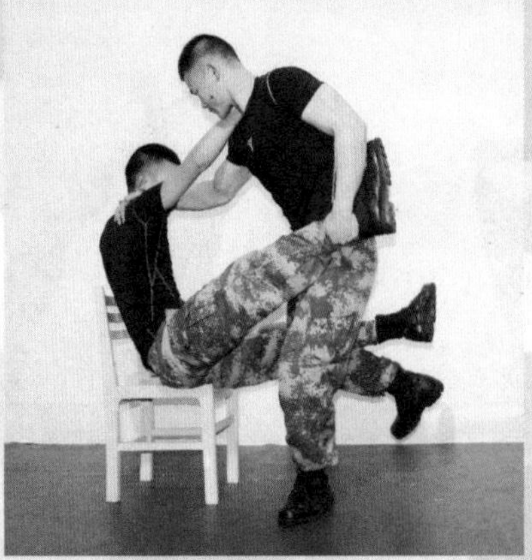

接腿拧涮摔

（二）抱缠摔

1 过背摔

拉臂过背摔

扳头过背摔

2 过腰摔

夹臂过腰摔

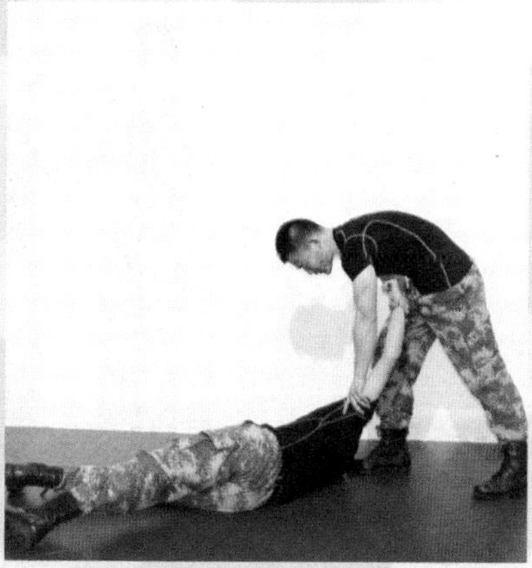

夹背过腰摔

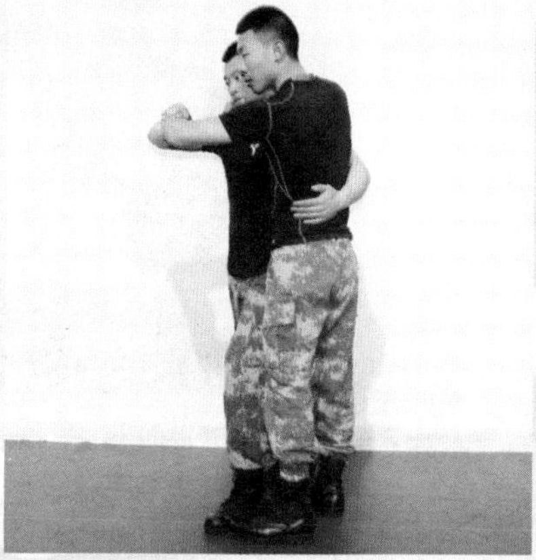

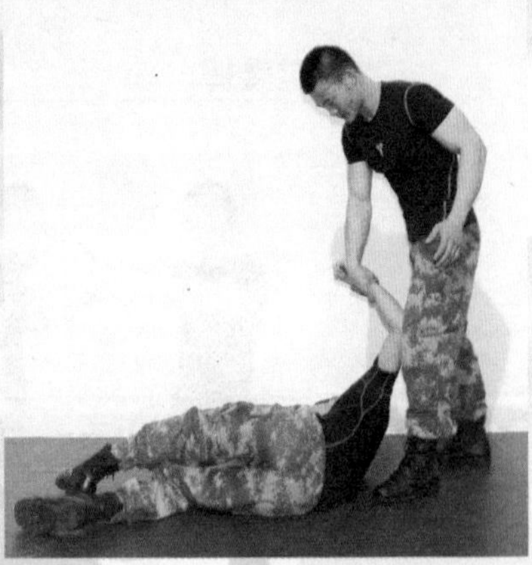

3 过顶摔

带躯过顶翻摔

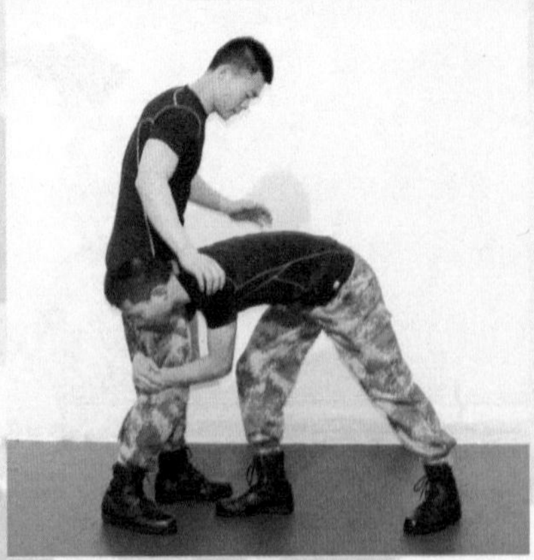

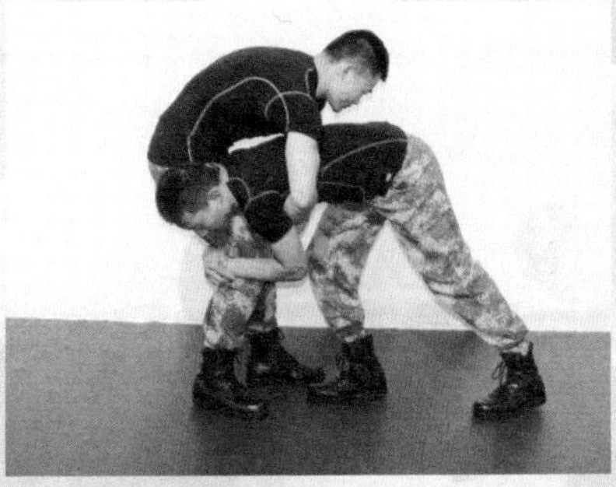
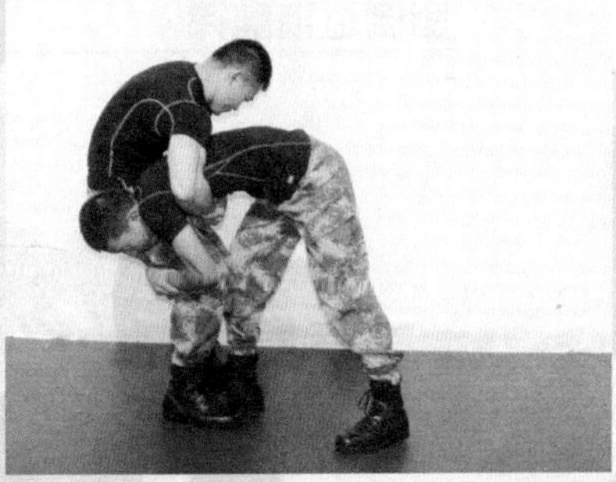
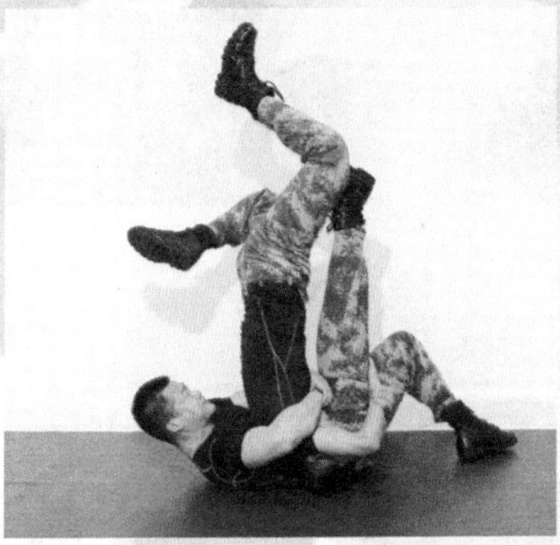
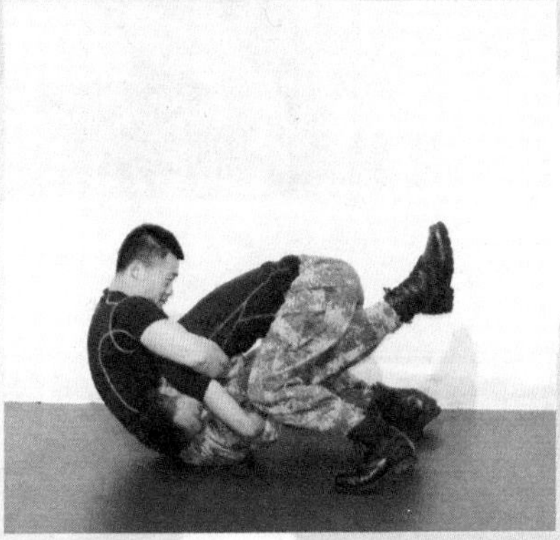
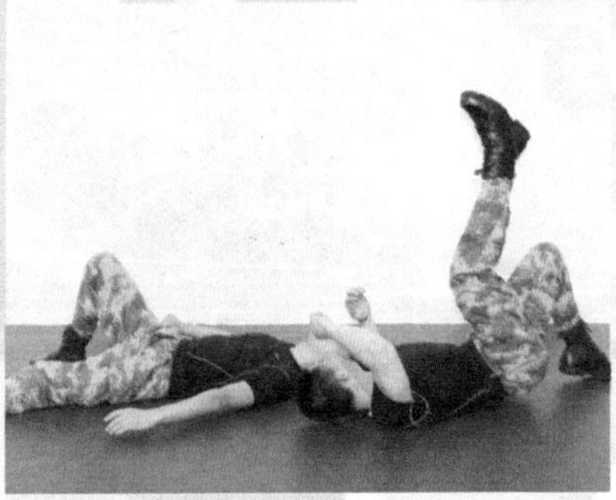
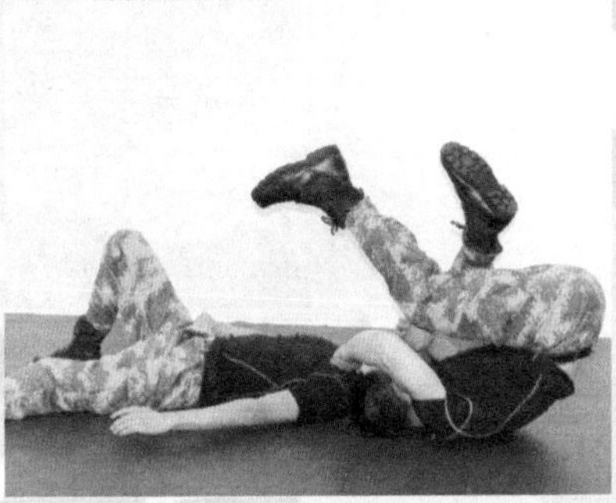
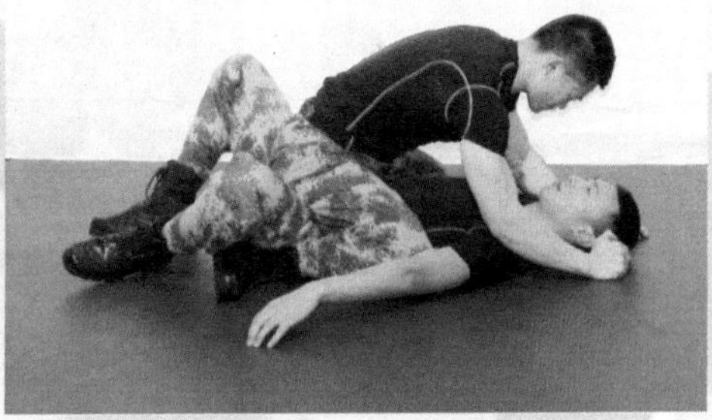

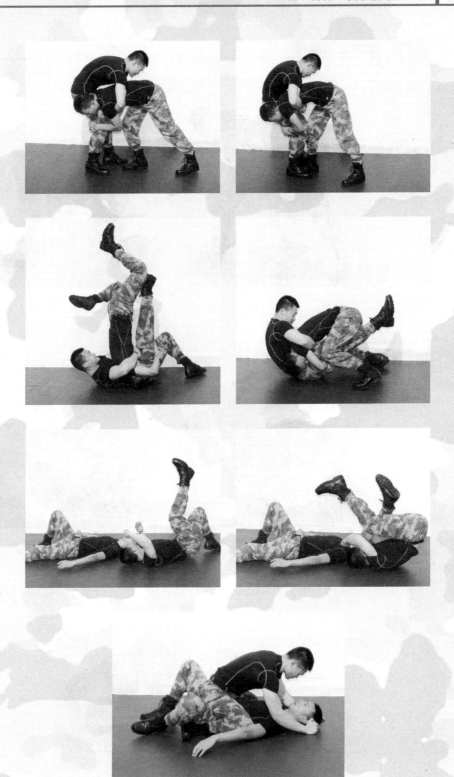

侧倒过顶翻摔

（三）踢绊摔

1 踢摔

勾踢摔

挂腿摔

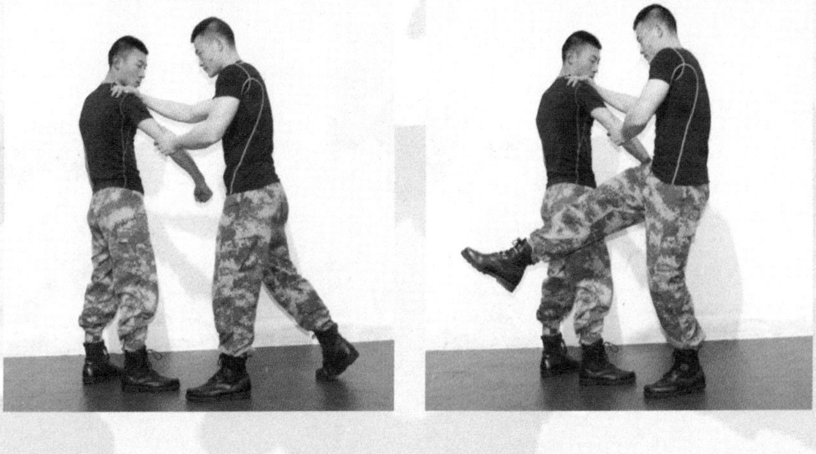

2 跘腿摔

折腰跘腿摔

侧倒跰腿摔

后倒跰腿摔

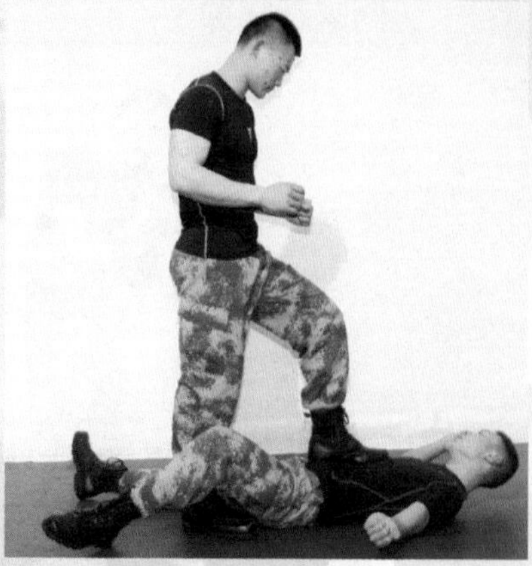

四、防御技法

（一）躲闪防御技术

躲闪（非接触性）防御技术是利用步法的移动或者身体的前俯后仰、左闪右避，闪转、移动至敌方攻击肢体的侧面或者身后，远离或者贴近敌方身体，使敌方攻击武器掠过或够不着目标的防御方法。

1 下闪防御拳或腿攻击

2 左右闪防御直拳攻击

3 后闪防御拳或腿攻击

4 远离闪身防御攻击

（二）接触防御技术

1 防御直拳攻击

左右拍挡防御

内外搪扣腕防御

单双手扑挡防御

双手扑挡防御

搪挡防御

磕挡磕砸防御

格架格挡防御

3 防御前踢腿攻击

截踢防御

推拨磕撞防御

磕挂拨防御

提膝防御

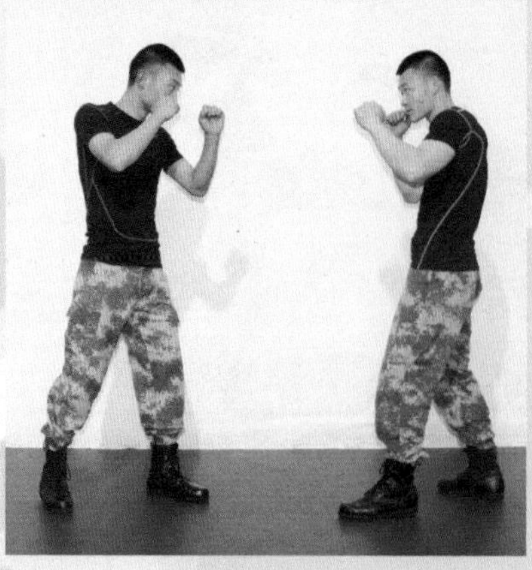

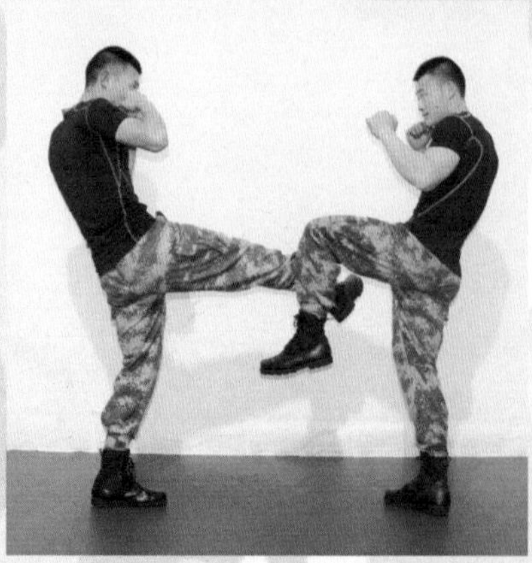

4 防御鞭扫腿攻击

双手或双臂的扑挡磕挡

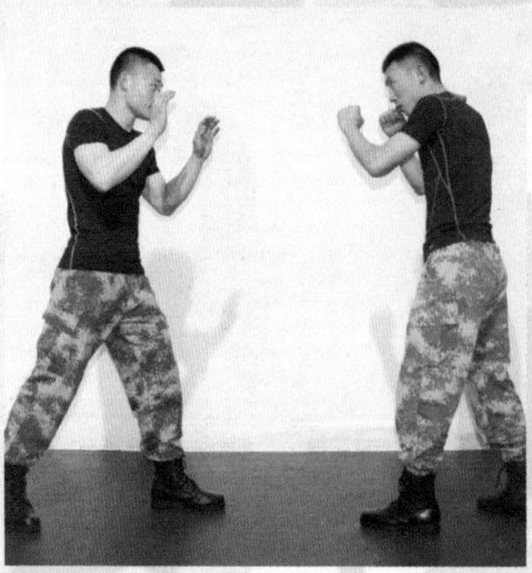

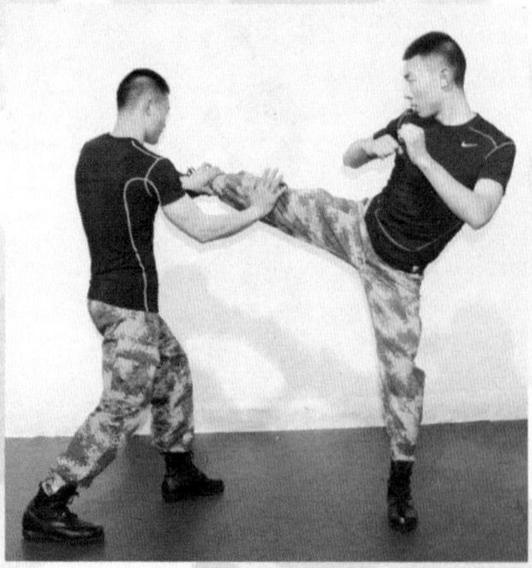

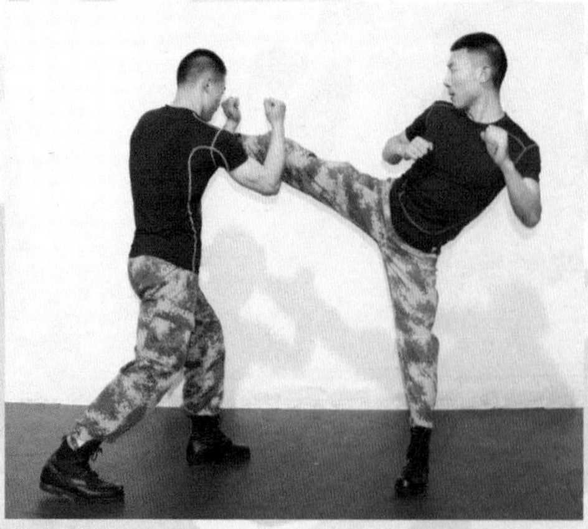

单臂搪架扛挡防御

提膝防御

下肢阻踢或手臂扛挡防御回旋踢

勾搂脚踝防御侧踹

推抵防御正顶膝

（三）投摔防御技术

1 抢先位防御被摔

拳阻防摔

闪身砸肘掀摔防摔

扑肩防摔

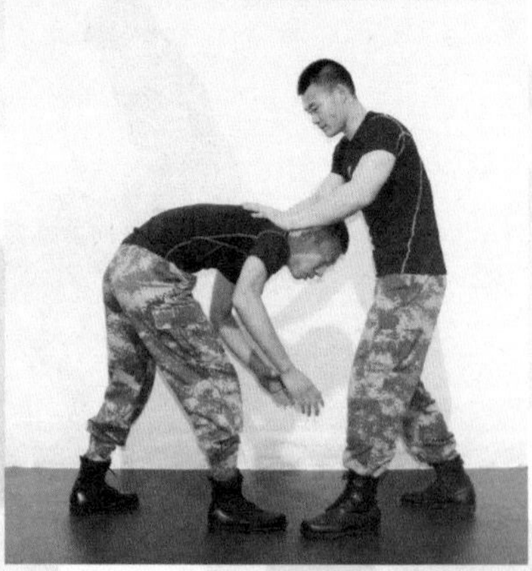

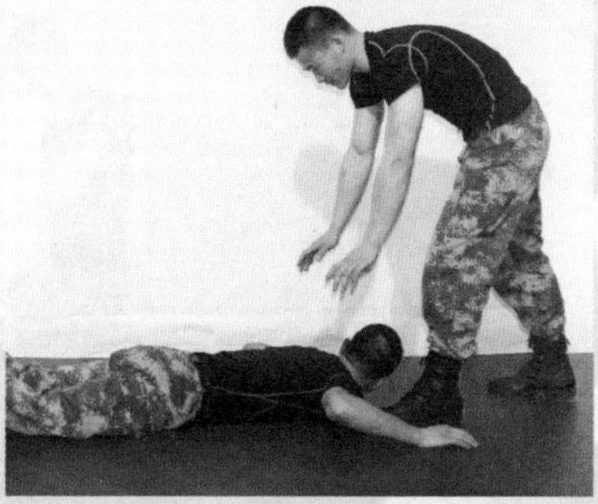

2 缠抱位防御被摔

按头冲膝防摔

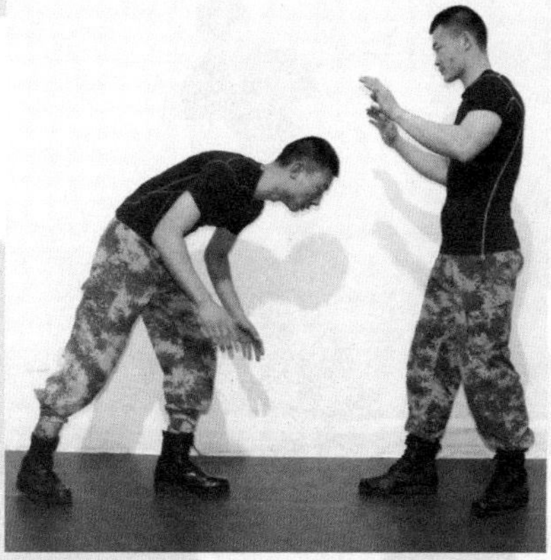
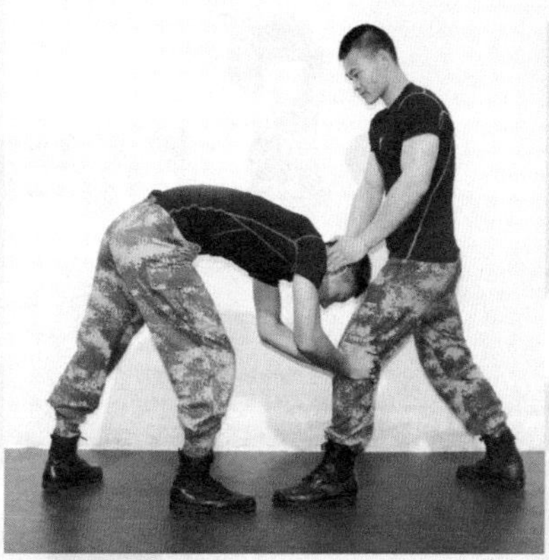

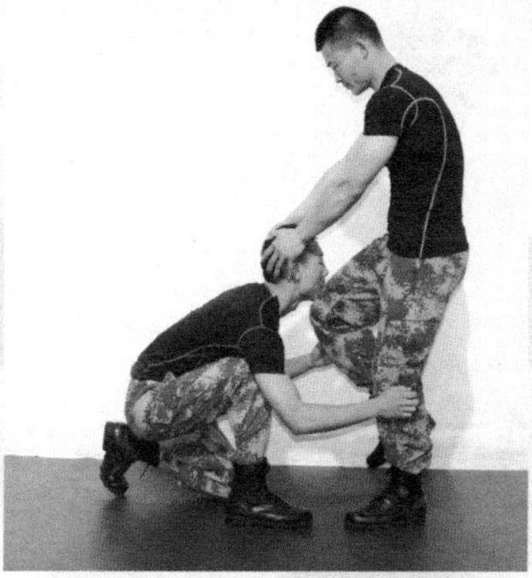
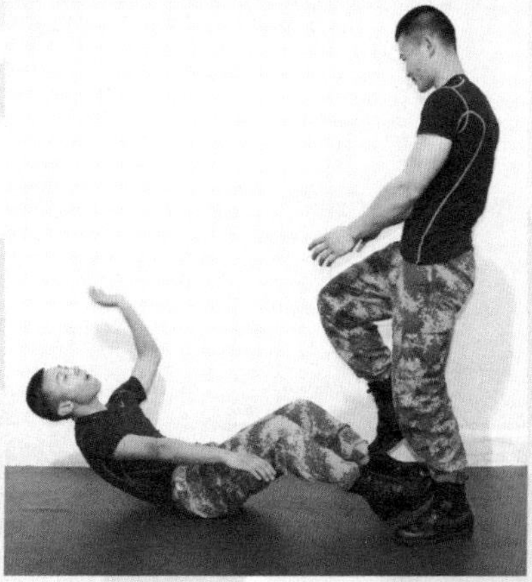

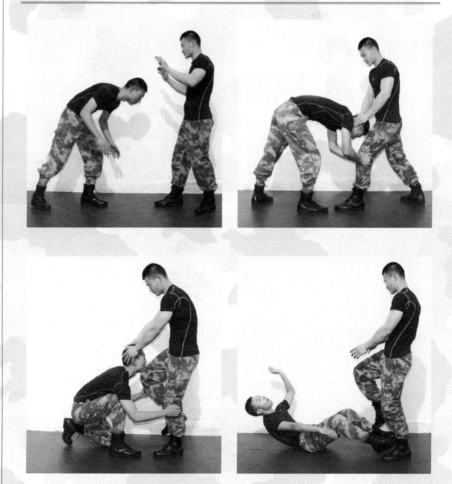

卡鼻旋透防摔

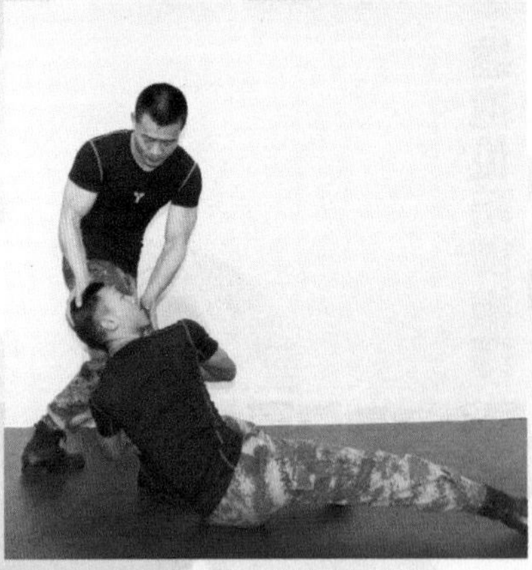

伸展下压上摔

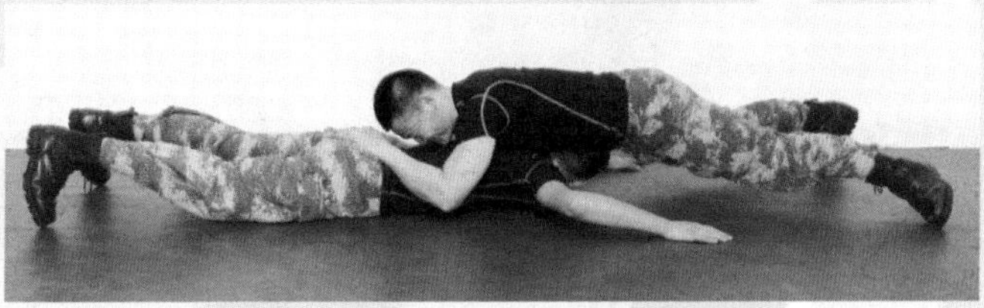

（四）地面防御与逃脱技术

1 骑乘下位的防御

基本防御方法

拨挡防御

格架防御

托挡防御

搪挡防御

2 侧控下位的防御

迎面直击防御

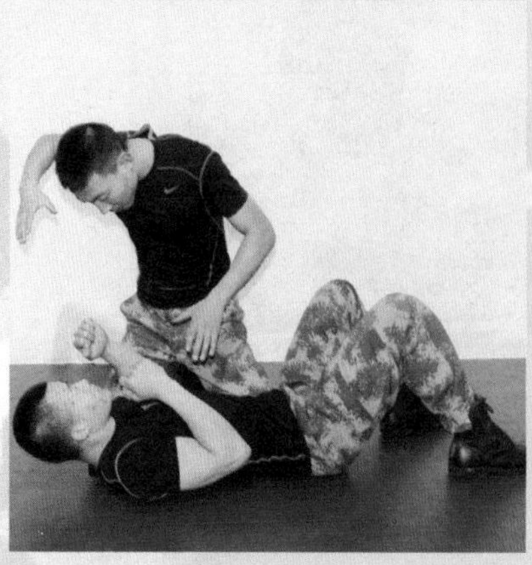

蹬踹防御

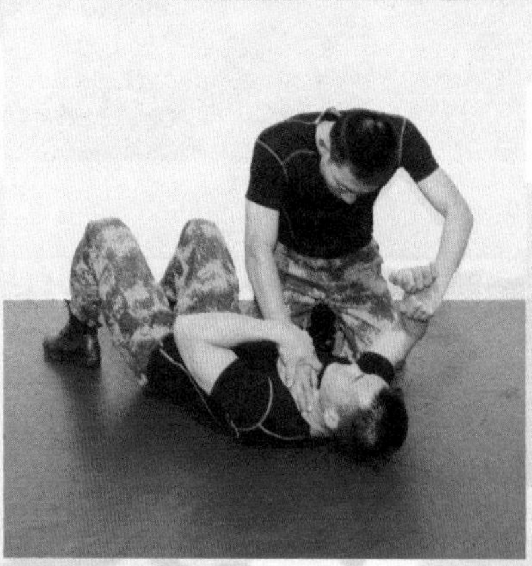

手臂十字固防御

3 被骑乘后的逃脱

双肩起桥侧滚翻

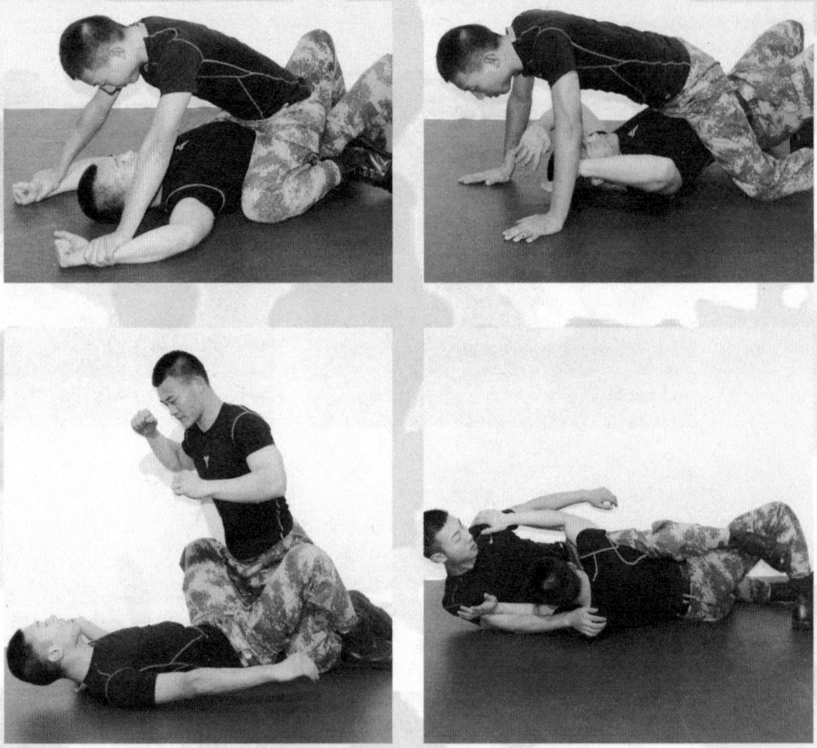

抓肩起桥推搡翻

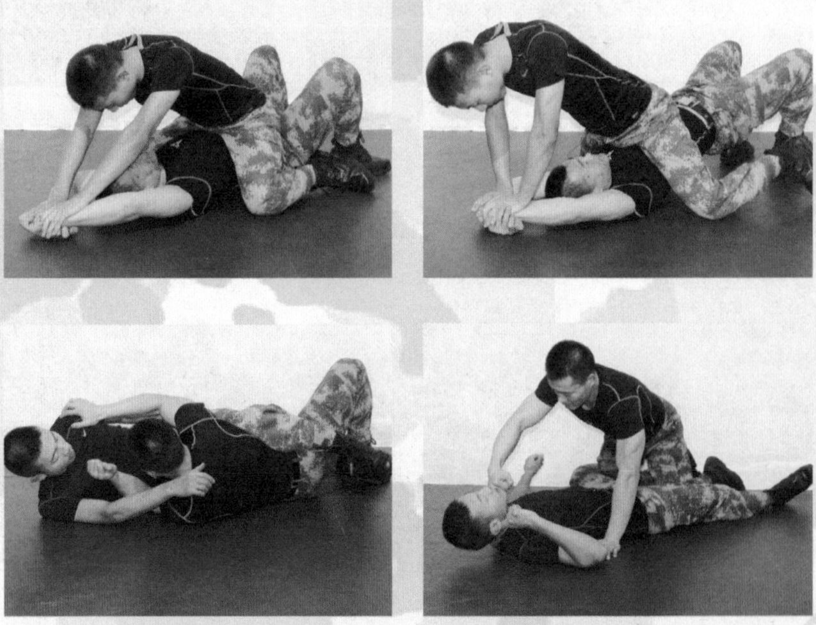

单肩起桥圈臂翻

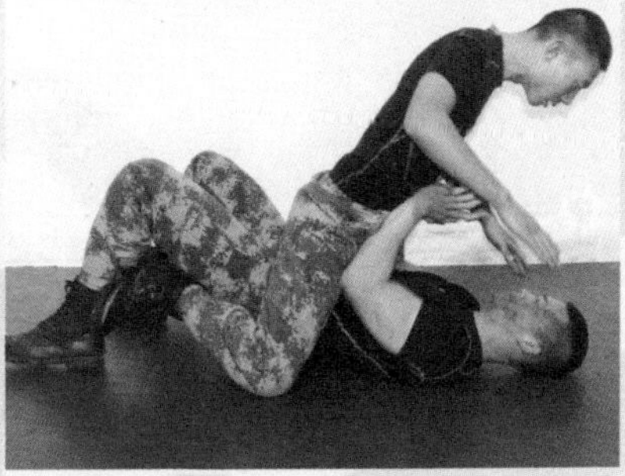

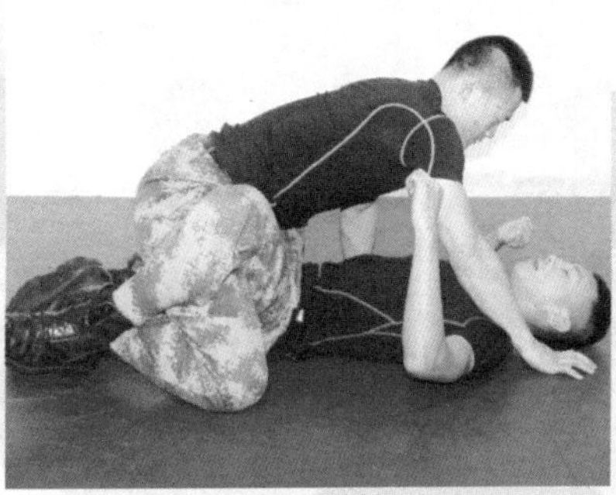
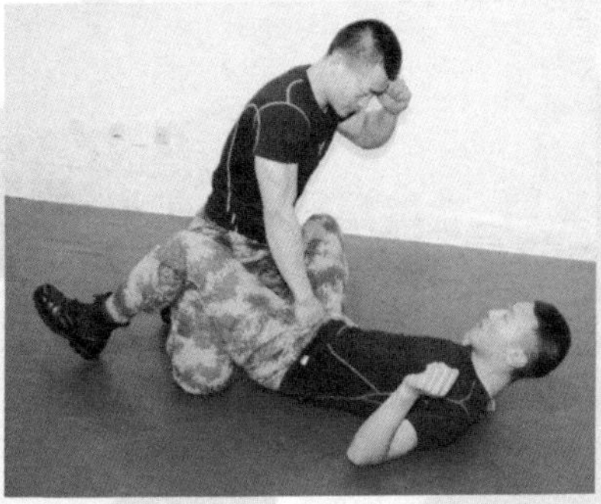

搬腕起桥夹脚翻

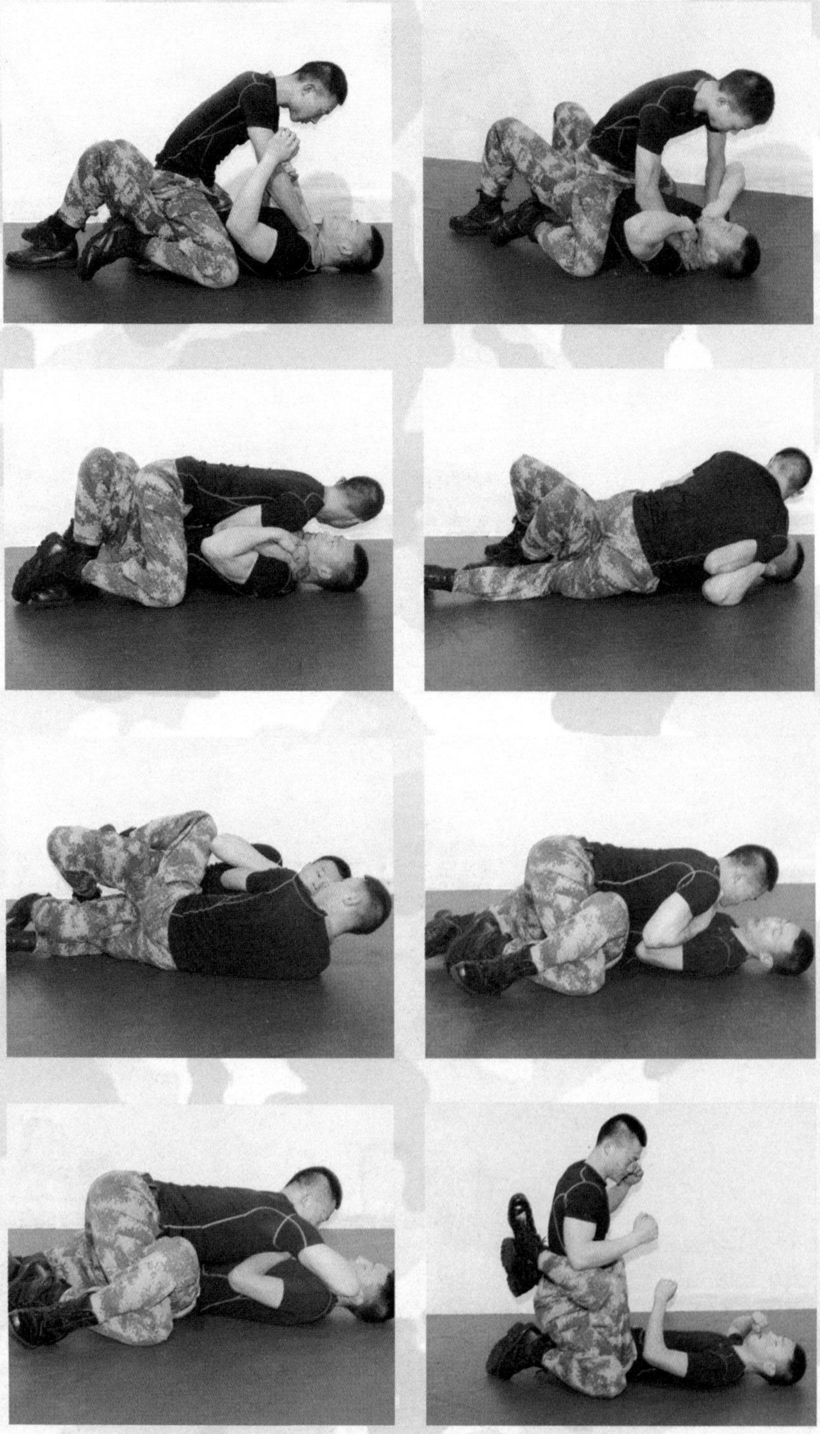

颠簸起桥侧身翻

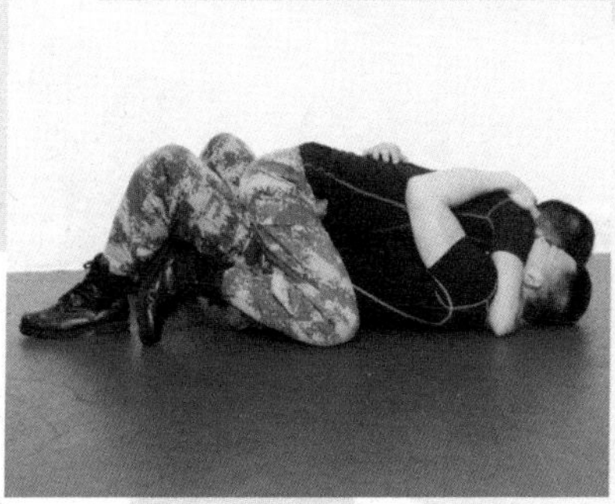

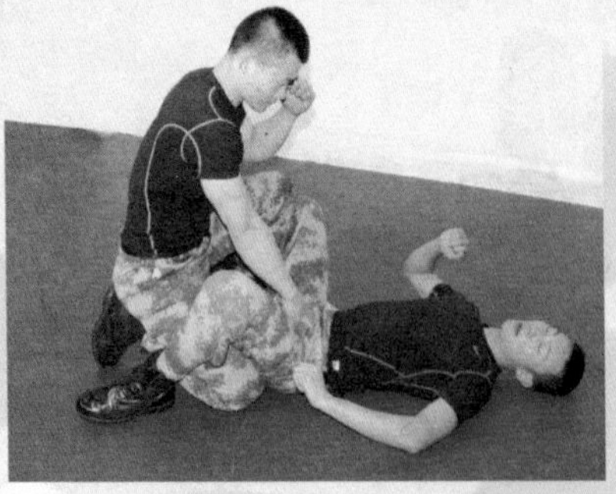

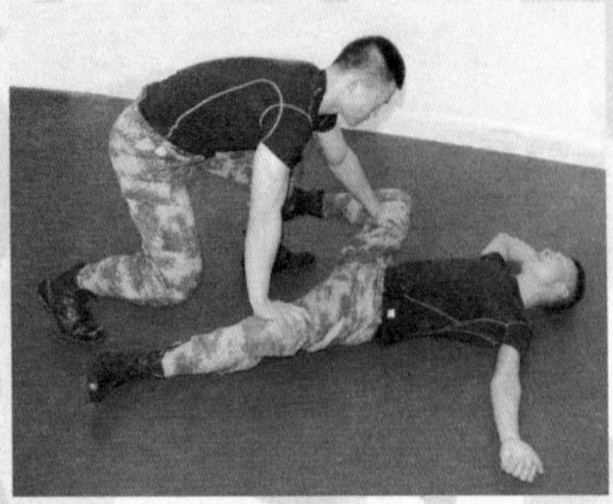

虾行逃脱

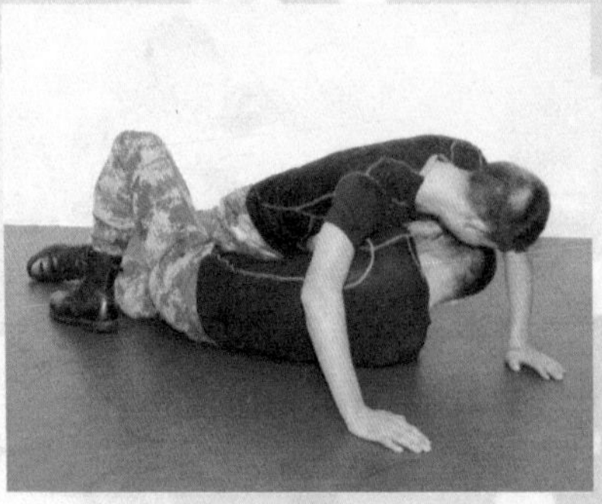

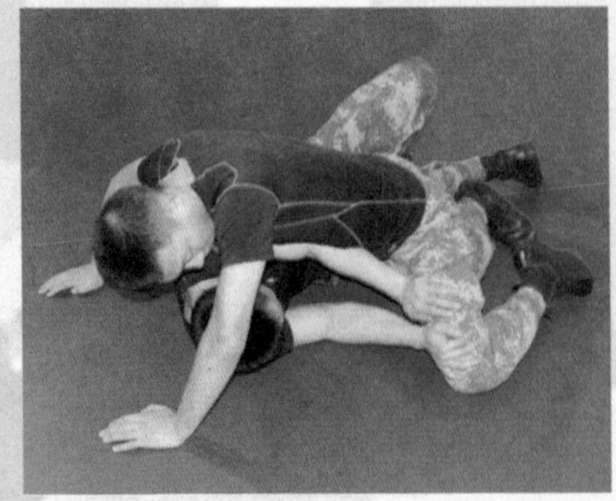

4 被袈裟固控制下的逃脱

抵颈勾腿逃脱

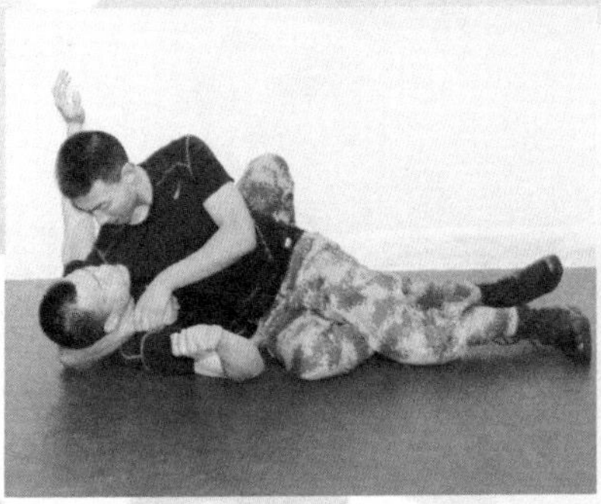

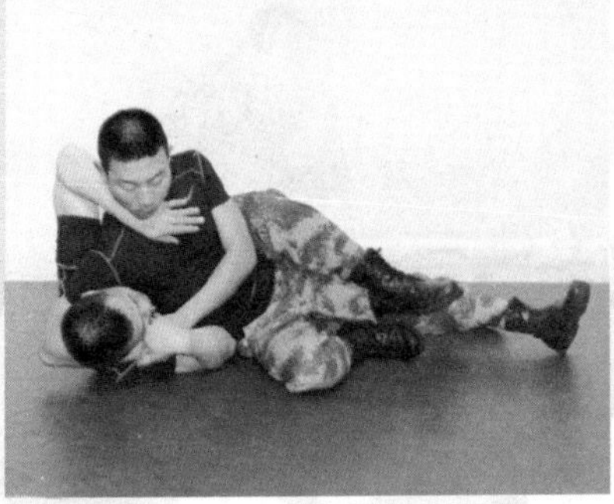

抵颈压肩逃脱

抵颈翻滚逃脱

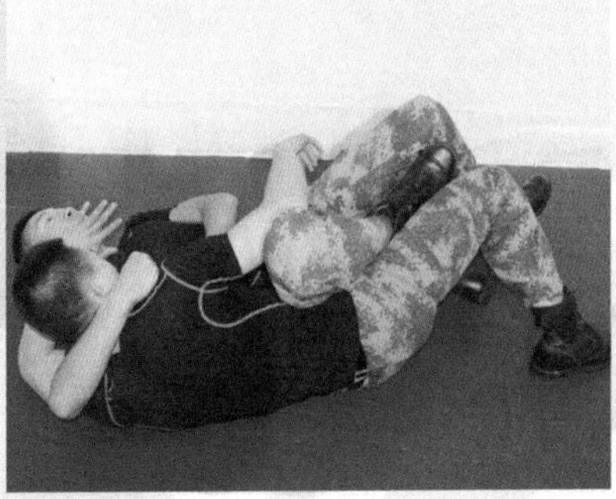
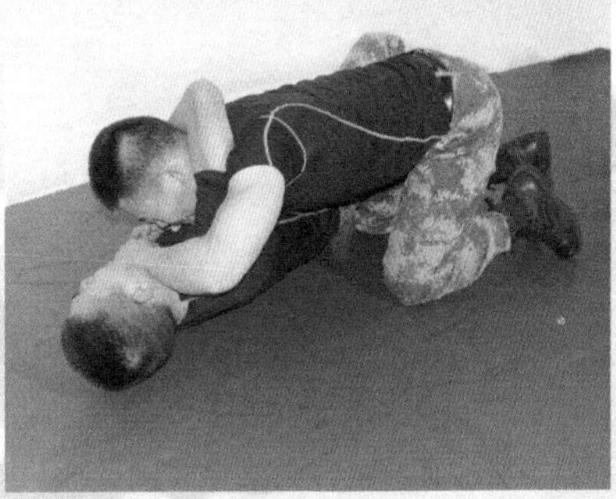

卡鼻勾颈逃脱

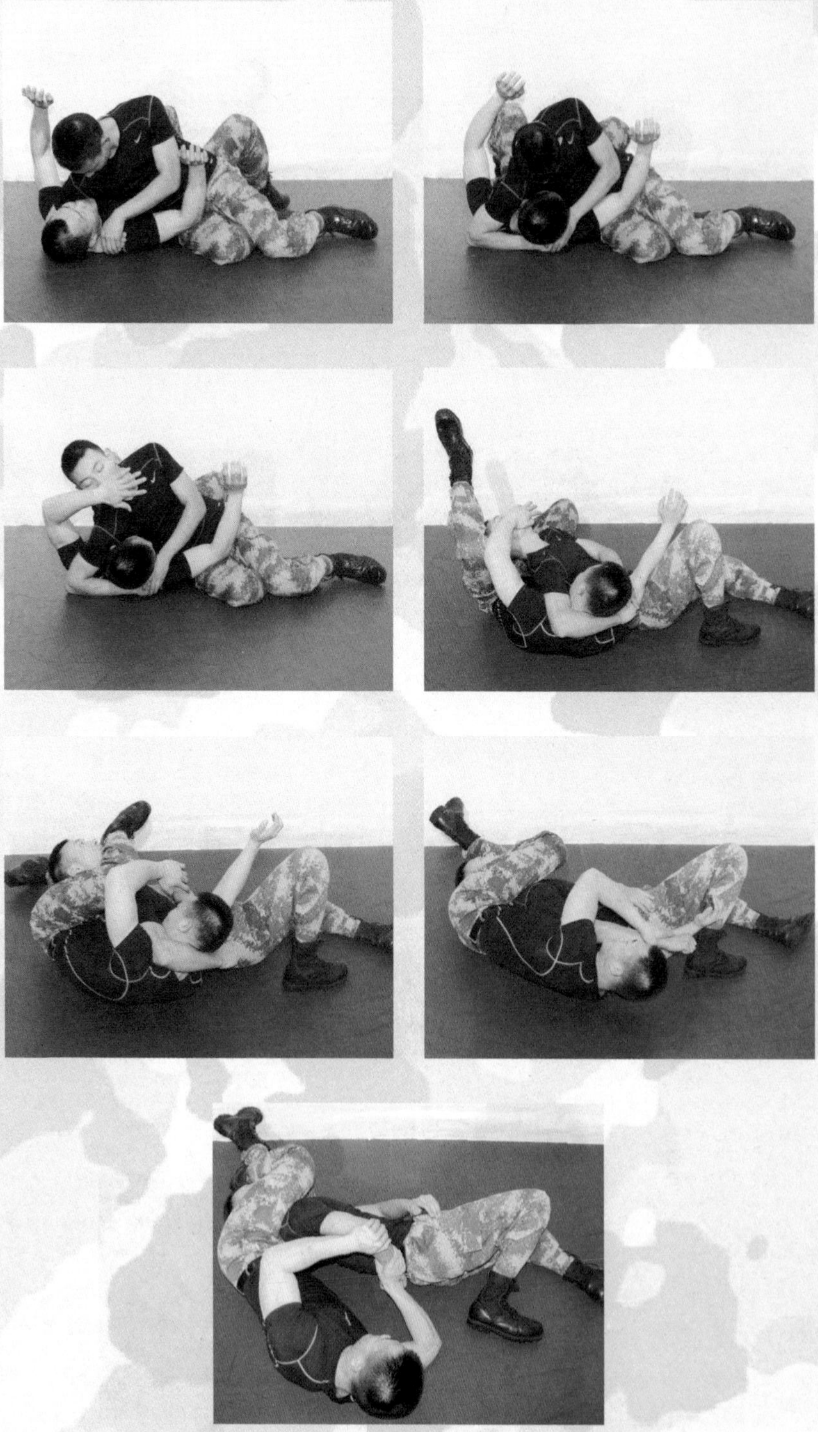

5 被背后控制中逃脱

被压制中逃脱

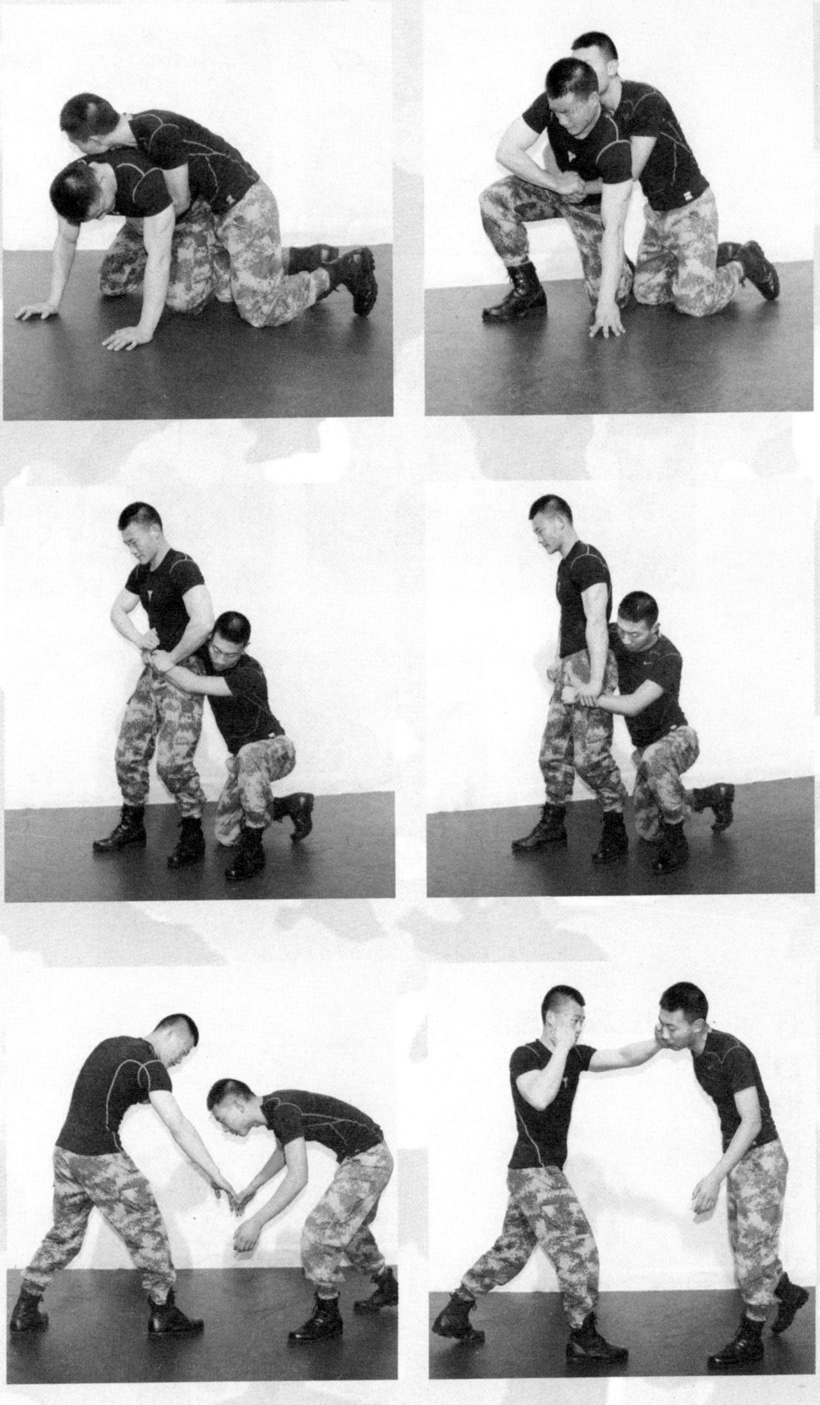

被仰勒中逃脱

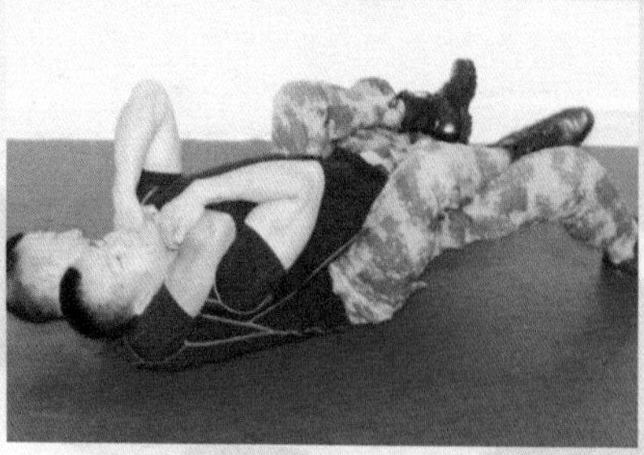
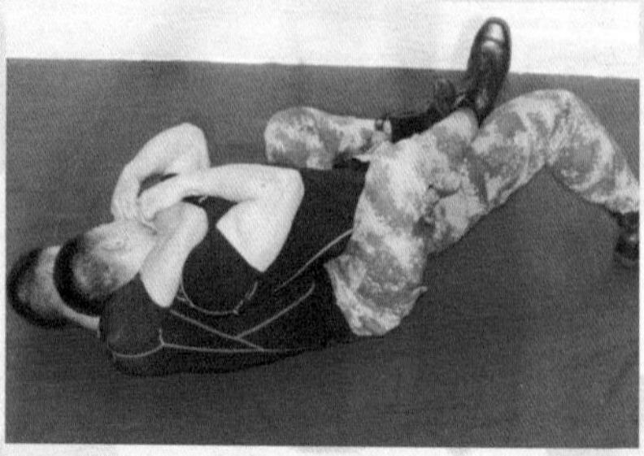
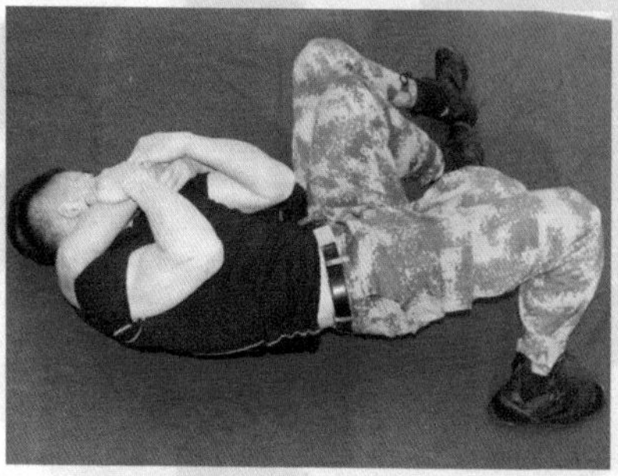
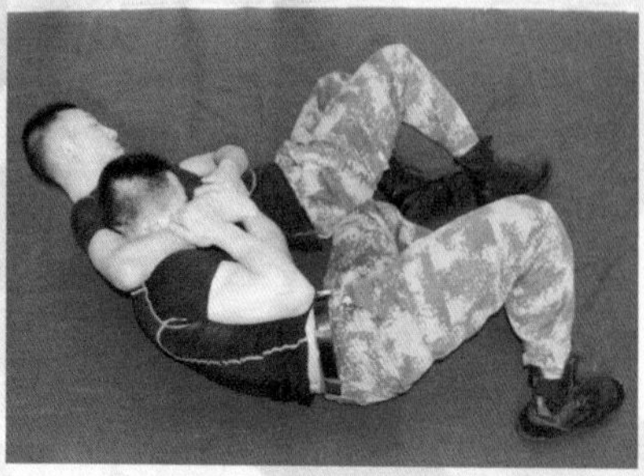
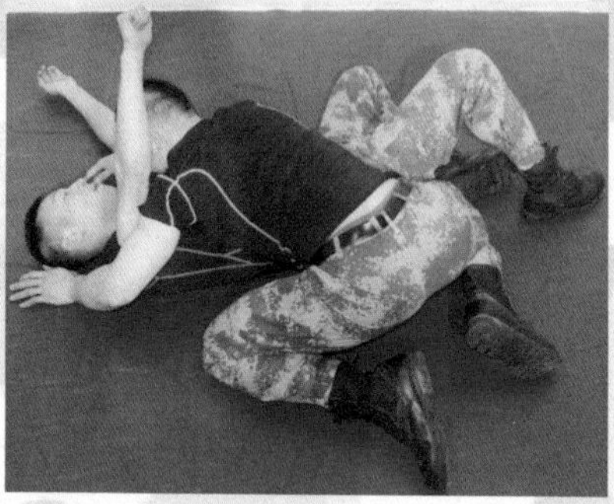

6 其他控制中逃脱

摆脱控腿蹬踢腹部

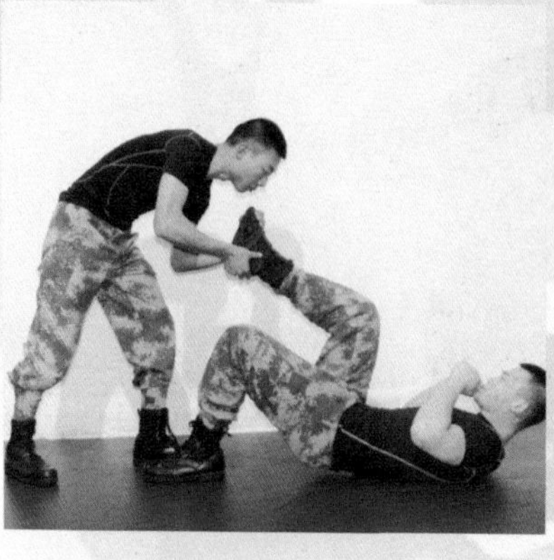
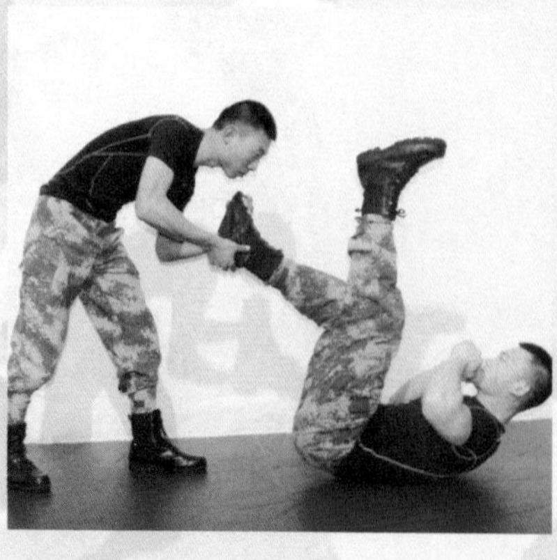

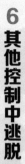

摆脱控腿扫踢手臂

五、防守反击技法

（一）抵御上肢攻击的防守反击技术

拍挡防守直拳顶膝反击

内搪防守砍颈冲膝反击

外搪防守勾拳撞膝反击

左右拍挡鞭腿反击

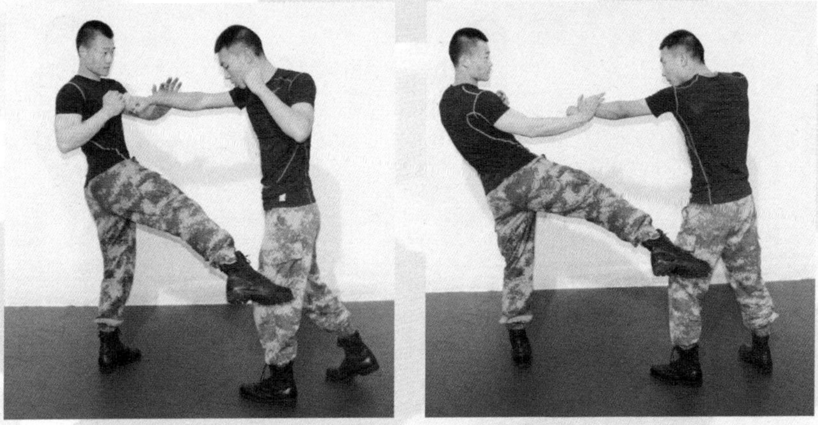

推挡防守推鼻踩跺反击

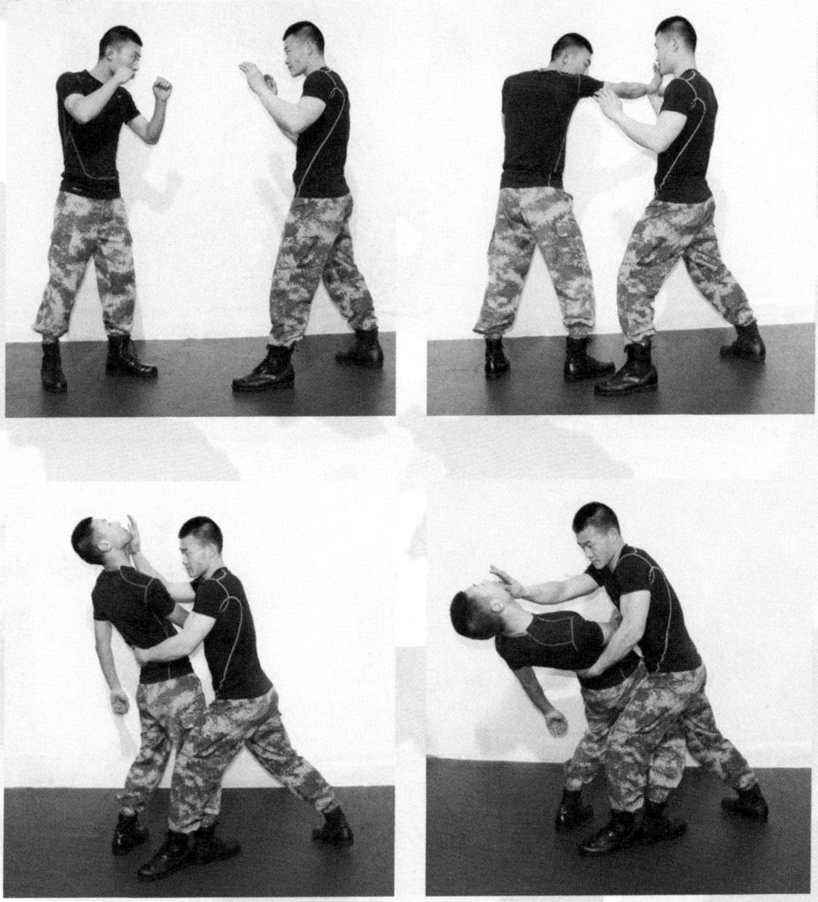

推挡防守卡鼻搂倒反击

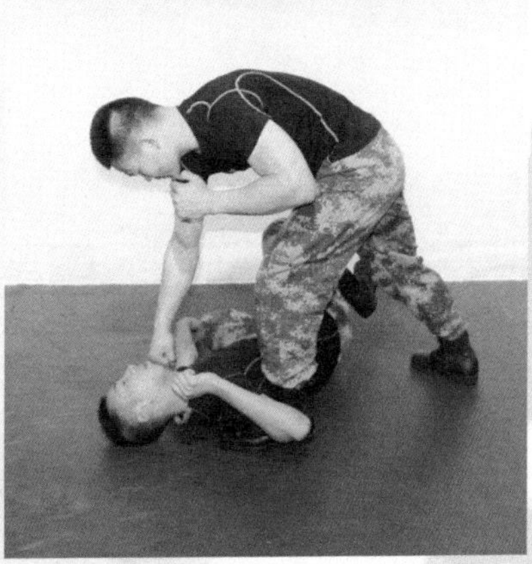

闪身防守揽颔摺倒反击

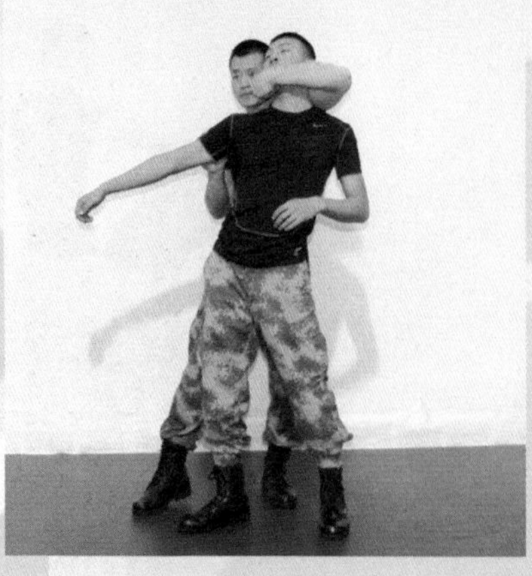

格架防守锁臂踹膝反击

（二）抵御下肢攻击的防守反击技术

推拨防守直拳反击

搪架防守弹裆鞭腿反击

扛挡防守扛腿掀摔反击

接腿防守锁踝踢裆反击

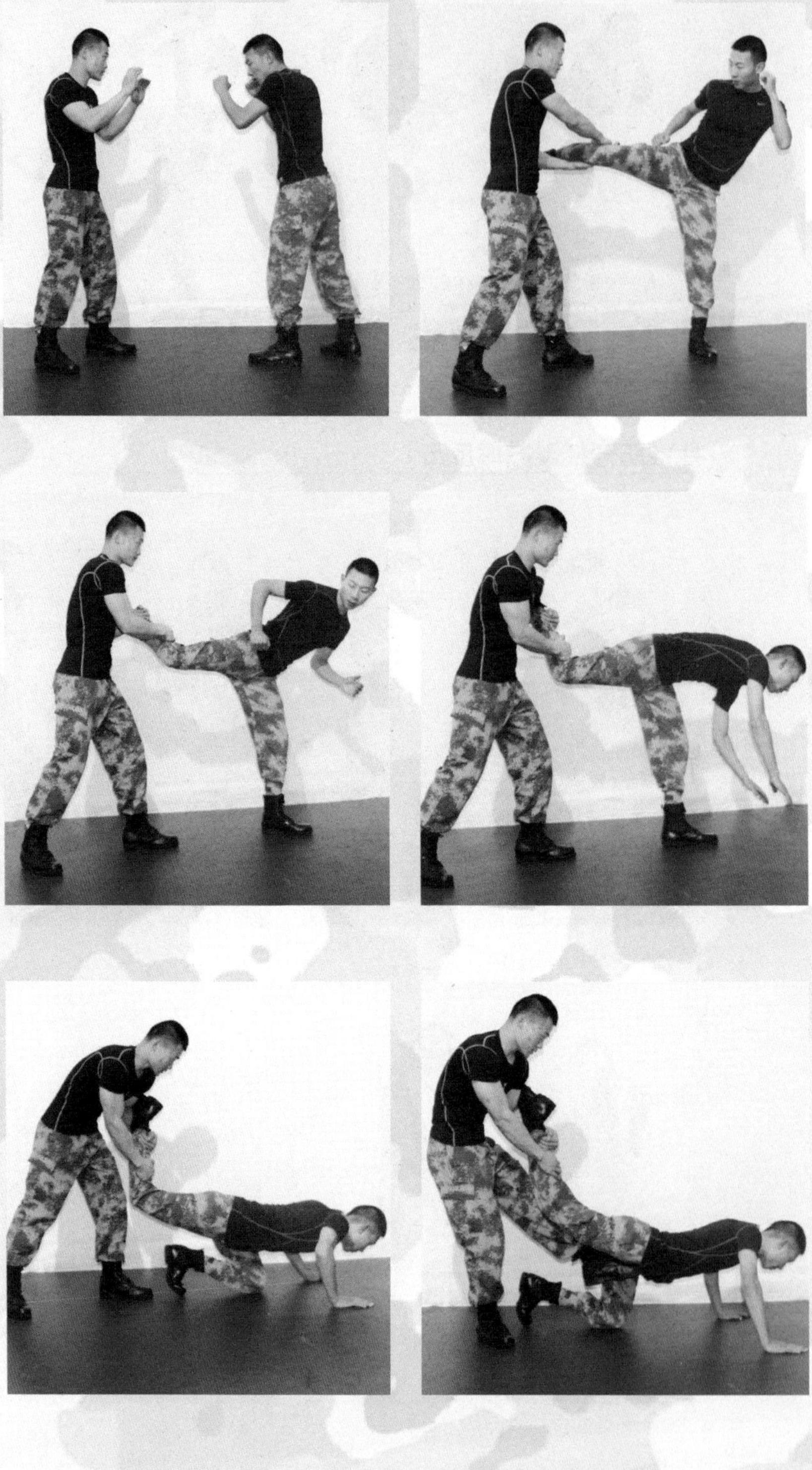

接腿防守别摔反击

（三）抵御被迫倒地被控的防守反击技术

封闭防守位换骑乘上位反击

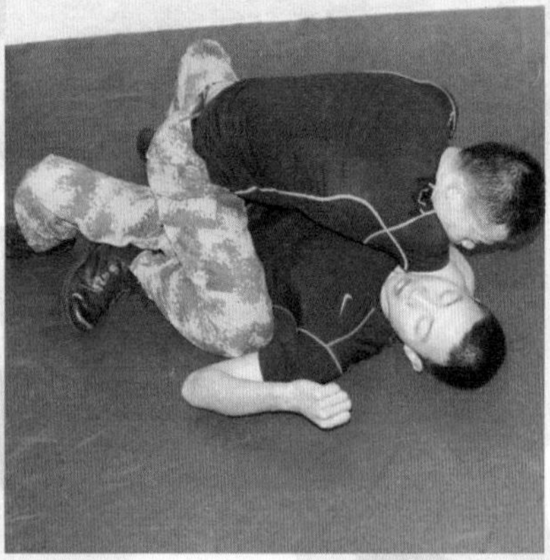
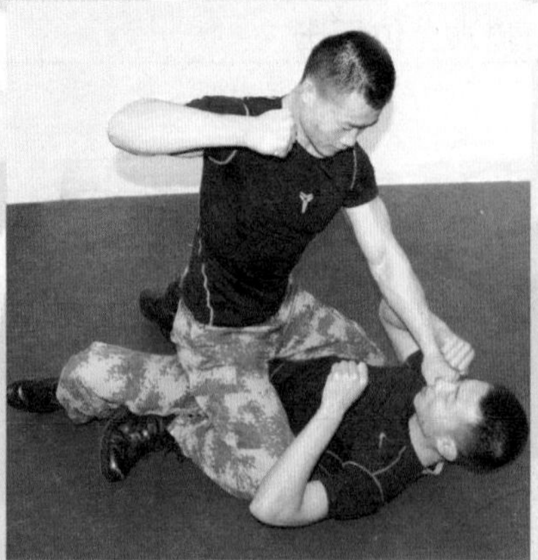

摆脱掐窒换骑乘上位反击

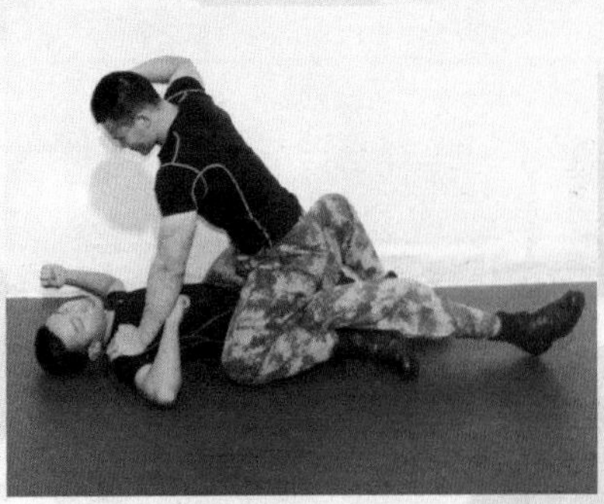

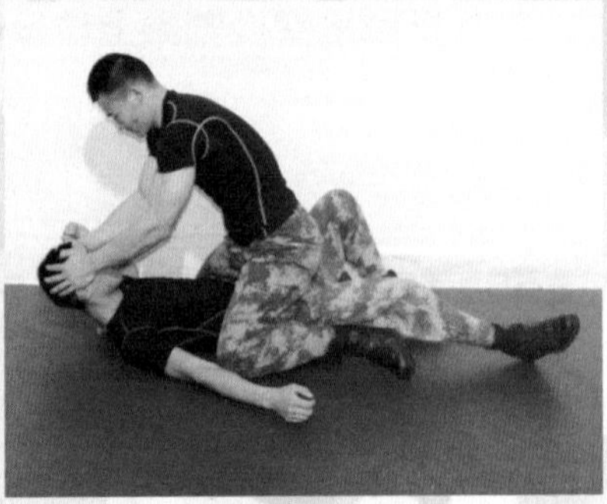

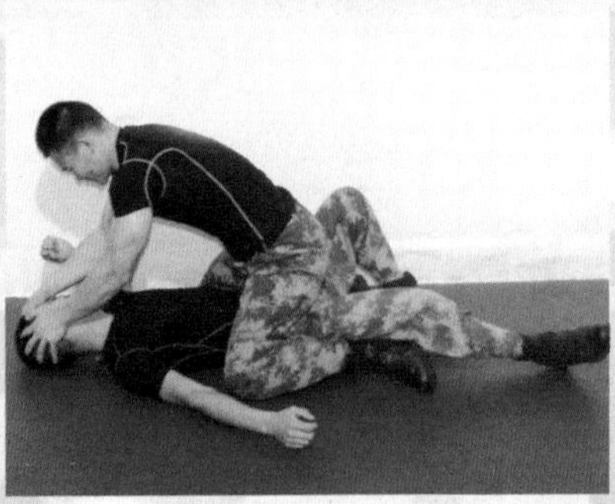

蹬踢防守后站起来

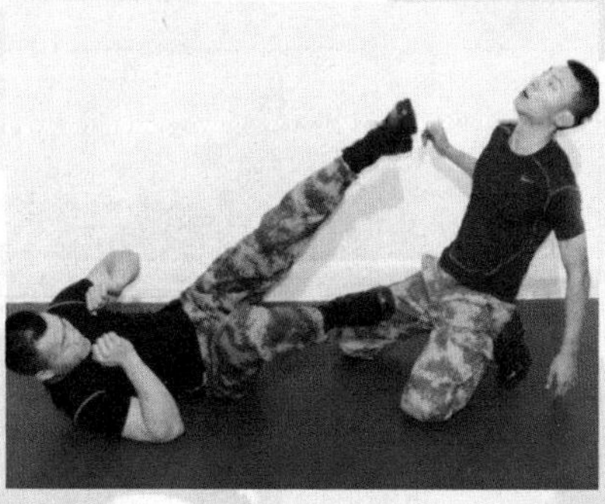

抠戳防守后站起来

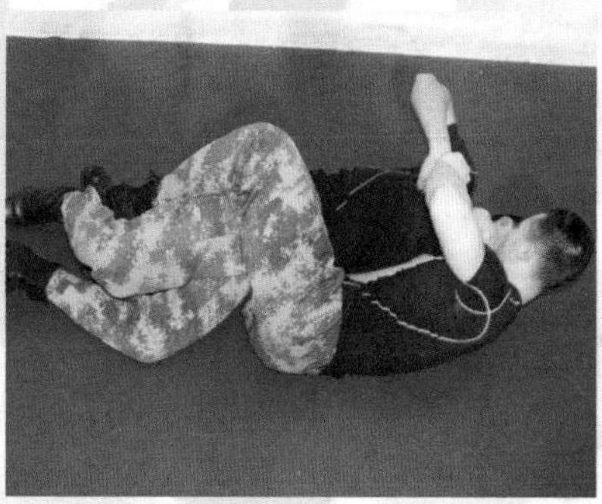

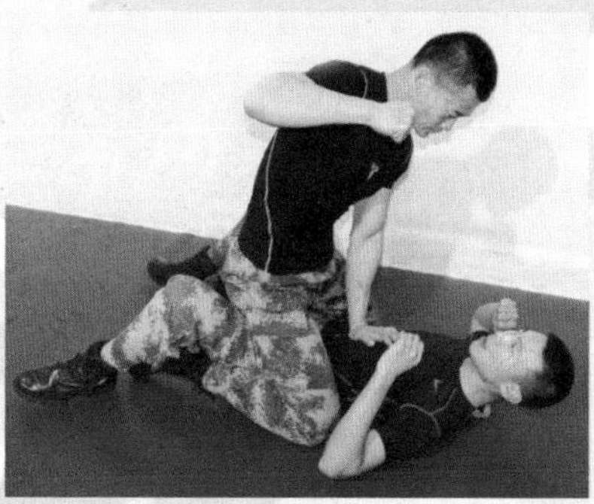

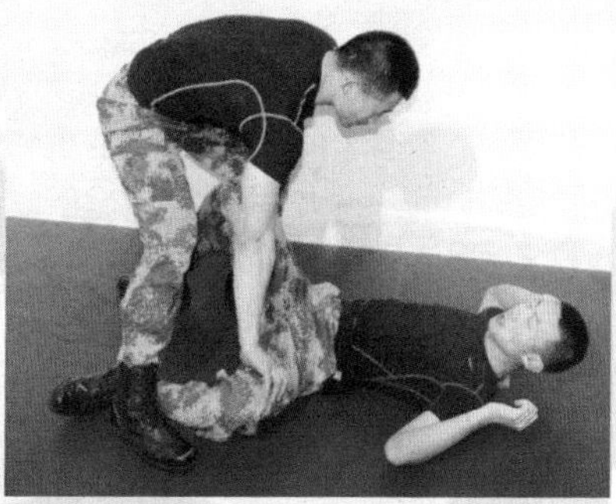

逃脱断头台后侧位控制

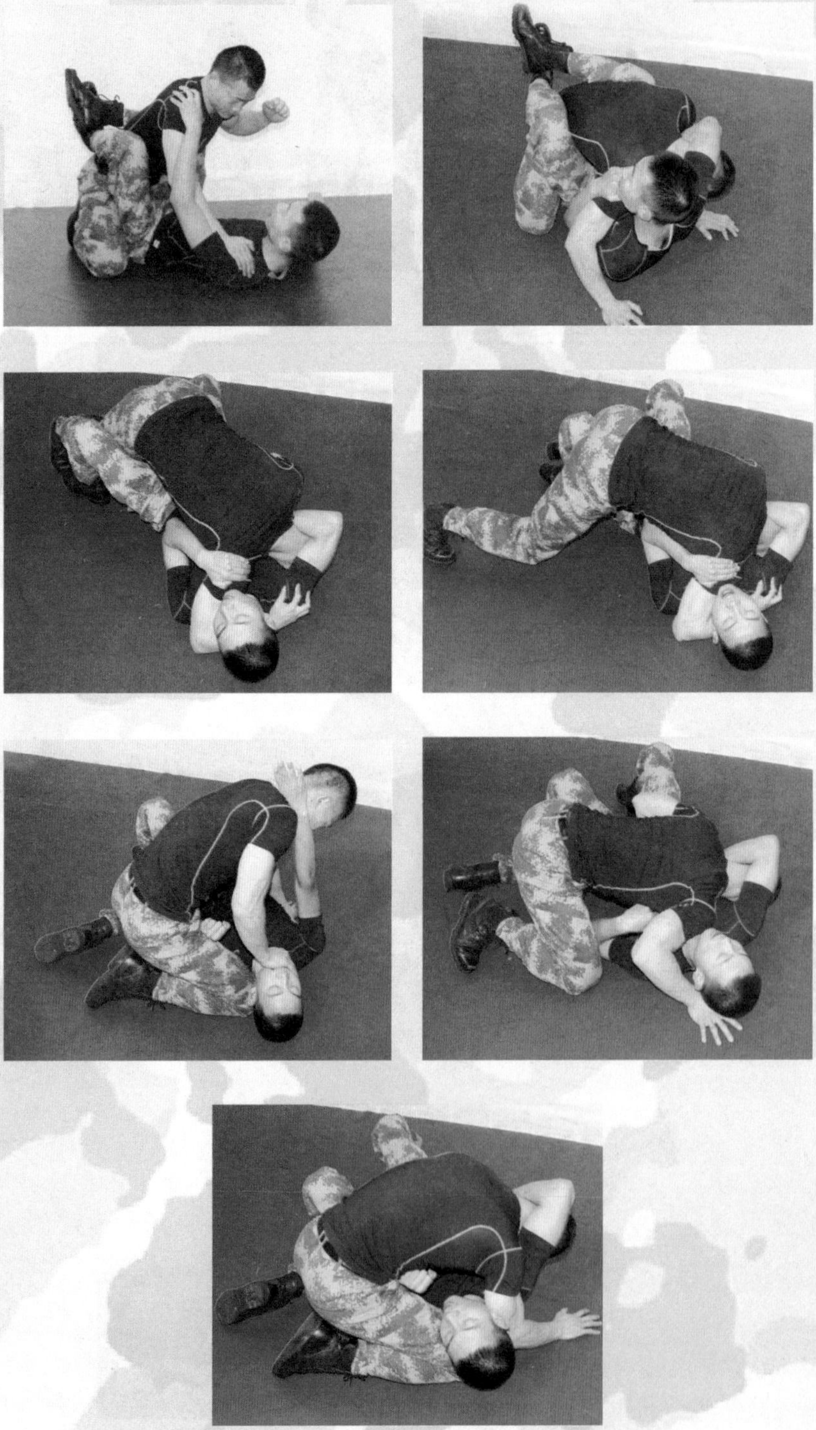

突破防守侧压换骑乘反击

侧控抵膝防守站起来

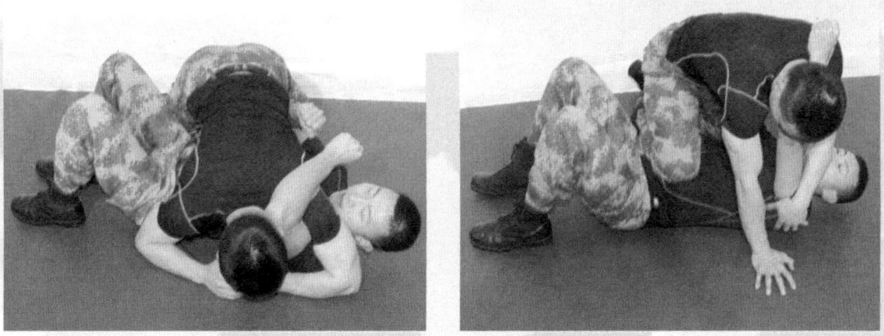

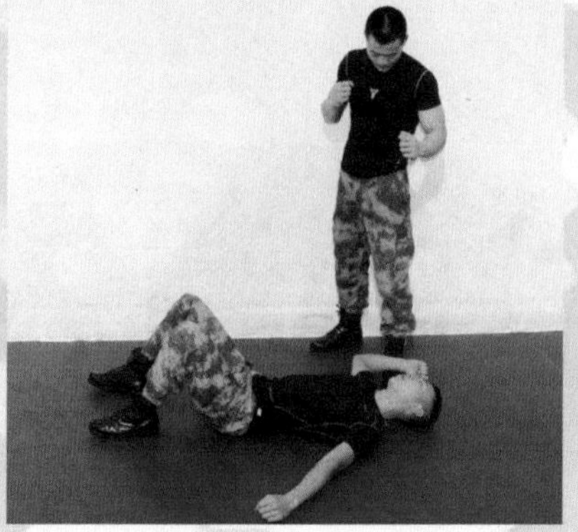